AF415691

Secretos

que no son

secretos

Cómo ser consciente de tu propio poder

Bartolommei, Verónica Soledad

Secretos que no son secretos: cómo ser consciente de tu propio poder / Verónica Soledad Bartolommei. - 1a ed volumen combinado. - Santa Fe: Verónica Soledad Bartolommei, 2020.

244 p.; 21 x 15 cm.

ISBN 978-987-86-3216-2

1. Metafísica. 2. Crecimiento Personal. 3. Crecimiento Interior. I. Título.

CDD 110

Secretos que no son secretos

Primera edición: Enero 2020

Autoedición: Verónica Bartolommei

Bartolommeiveronica@gmail.com

Diseño de tapa y maquetación: María Victoria Acosta

Impreso en Argentina.

71427321893

PRÓLOGO

Lo que más cambio mi vida fue darme cuenta que nada me sucede a mi,sino que sucede POR y PARA mí.

Para mí significa que el universo entero conspira a mi favor, siempre ycuando yo haga mi parte. Si tú haces tu parte, el universo hará su parte.

Por mí significa que yo soy 100% responsable de lo que sucede, ysobretodo de como reacciono ante lo que sucede, y eso sí marcará ladiferencia.

Hace unos años acababa de sacar mi primer libro automedicado y tenía undinero ahorrado para empezar con al promoción. Entonces vino mi padre apedirme dinero para solucionar un problema.

Al principio me enfadé con él, luego me di cuenta que en realidad me habíaenfadado conmigo, por no tener más dinero para poder ayudar a mis padres y que eso no supusiera ningún problema para también poder cumplir mis sueños.

Me hice responsable, al 100%, y todo cambió. Me volví millonario, ayudé a mis padres y ahora vivimos todos bien porque un día, dejé de buscar culpables y comencé a responsabilizarme.

De esto va la cosa.

Si estás con este libro en las manos significa que ha llegado tu momento, nada pasa por casualidad, sino por causalidad, por sincronicidad y hay algo importante para ti en sus páginas que te ayudará a llevar tu vida a un nivel más alto.

Gracias Verónica por escribirlo y gracias a ti, amado lector, por querer leerlo y aprender de él.

GRACIAS GRACIAS GRACIAS.

TE AMO.

LAIN, autor de la saga LA VOZ DE TU ALMA

www.lavozdetualma.com

AGRADECIEMIENTOS

Con todo mi corazón le doy las gracias a:
Mis padres que fueron y son mis grandes maestros en la vida. Por enseñarme tanto y estar ahí siempre para mí. Son la manifestación del amor incondicional.

Mi hija que es mí por qué en la vida. Que me impulsa a ser mejor cada día. Que desde su corta edad ha sido y sigue siendo una maestra increíble. Existe una fluidez maravillosa de alumno-maestro entre nosotras que valoro enormemente.

Mi hermano que ha sido mi espejo muchas veces, y aunque él no lo sepa, me ayudó a conocerme interiormente.

Mi alma gemela, que está dando sus pasos para encontrase con los míos. Al que le voy a brindar mi esencia, mi alma. La que realmente soy, en mi mejor versión.

Mis familiares y amigos que me apoyan en este camino. Que me brindan su amor y cariño. A los que quiero brindarles lo mejor de mí.

Mi mentor que llegó a mi vida para transformarla completamente y al que le debo estar acá cumpliendo mi propósito y uno de mis más grandes sueños.

Mis lectores que harán realidad mi sueño de contagiarlos de amor, poder propio y luz para lograr lo que anhelan.

¡LOS AMO CON TODO MI CORAZÓN!

¡INFINITAMENTE GRACIAS!

DEDICATORIA

Desde lo más profundo de mi corazón, deseo dedicarte este libro a ti y a cada alma que se encontró y aun se encuentra perdida.

Mi intención es poder guiarlos, a cada uno, hacia la luz y el poder que existe en el interior. Compartir lo que viví, aprendí, superé y conseguí.

Todos llegamos a este plano terrenal con un propósito a cumplir, este es el mío, y debo hacerle honor. De esta forma me siento realmente viva, plena, entusiasmada, feliz, creciendo y progresando constantemente.

Deseo tocar tu alma y que logres despertar ese héroe que tienes dentro aceptándolo, aprendiendo, transformando y afrontando todo aquello que te detiene hasta este momento. Conociendo tu verdadera esencia, la que te hará descubrir un mundo maravilloso dentro de ti, para expresarlo afuera y conseguir hacer realidad cada sueño que tengas en el camino de la vida.

Quiero conseguir que brilles con luz propia, que descubras que todo depende de ti y tienes todas las capacidades para lograr lo que sea que anheles. Y para contagiar a otras almas que están como lo estabas tú antes de la transformación interior.

Si un mínimo destello se enciende dentro tuyo, gracias a mis aportes, yo estaré muy feliz y este libro habrá logrado su fin. Porque un solo destello, o una sola chispa puede encender la estrella y el fuego más intenso jamás imaginado.

¡TE DESEO FELICIDAD EN ESTE CAMINO!

TESTIMONIOS SOBRE EL LIBRO

Qué viaje tan bonito he empezado con este libro, cuánta personalidad y sabiduría existe en cada una de las palabras. Tanto que si me perdiera en mitad del océano y pudiera encontrarme con un mensaje en una botella, desearía que fueran mensajes como los que aparecen en el libro. Gracias de todo corazón.

Aido Cortes Alcaraz

Gracias por despertar la heroína que hay en mí. Un viaje apasionante que hace que la vida tenga otro sentido. Gracias, gracias, gracias.

Emma Benamar

"Me encanta la forma tan sencilla y eficaz en la que se explican términos que en otros libros de desarrollo personal no llegaba a entender por lo enrevesado que lo contaban. Pero este no es el caso de este libro. También como fan de Star Wars me gusta mucho que las iniciales del método sean YODA, una gran coincidencia para un gran método como es el que se describe en Secretos que no son tan secretos".

Lara Pastor

"He disfrutado muchísimo con la lectura de este libro porque con pautas sencillas me ha enseñado a ser más reflexiva. Ahora miro más en mi interior, me escucho y atiendo, haciéndome 100% responsable de mis resultados.

Me encanta la forma tan sencilla que su autora nos explica cómo funcionamos: mente, ego, automatismos, creencias limitantes,...todo eso que a veces nos parece complicado te lo hace fácil de entender."

Maka Herrera

"¡Gracias Vero! Por brindarme un recurso sencillo (YODA) pero poderoso para transformar mi vida en aquella que siempre soñé..."

Patricia Strólogo

Este es un libro que hace una llamada a nuestro interior. Este libro te impulsa a sacar la mejor receta que llevas dentro.
Te impulsa a que tomes acción para cambiar a mejor. Te empuja a empoderarte. Leyendo sus páginas sientes que tienes que desterrar a tu peor yo, y darle hueco a lo mejor de ti. Enhorabuena por el libro Verónica.

Carlos Goyanes

El libro de Verónica me parece muy inspirador, tiene una forma muy natural y práctica de llevarte hacia tu interior y te brinda un enfoque real de lo que hay que hacer para lograr cambios positivos en nuestra vida. Es maravilloso encontrarse con libros que logran transformar nuestras vidas desde el fondo. Tu mayor secreto lo descubrirás en esta lectura y sé que te sorprenderá.

Mariana Reyna Ortega. Autora del libro "Impacta con tú talento".

Un libro que contiene un método súper original, práctico y fácil de entender y de aprender, para que consigas transformar tu vida, paso a paso.
Verónica escribe de forma sencilla, amena y entendible un viaje hacia la transformación y el empoderamiento.
Un clásico para todo aquel que desee cambiar su vida y no sepa cómo.

Nieves Martinez

Aquí encontrarás bien claro cómo educar a tu mente para dirigirla a lo que quieres, Aprenderás a utilizar a tu ego de la manera más beneficiosa para ti. Muchas cuestiones que desconoces vas ahora a descubrir y te sorprenderás, todas te ayudarán a mejorar tu vida de verdad.

Karina Tejada Ibáñez

Hola...quiero agradecerte de todo corazón por escribir este maravilloso libro, en cuanto empecé a leer me vi sumergida en el contenido del libro donde entendí cuán importante es, decidir tomar el control de mi vida, tener claro lo que quiero, cambiar las paradigmas mentales, planificar día a día, hasta llegar a los resultados requeridos. Recomiendo a todo el mundo leer este maravilloso libro transformador gracias.

Julia Vargas Romero

"Secretos que no son secretos", es un libro fascinante donde Verónica te guiará en el aprendizaje para poder encontrar tu verdadero poder interior, de este modo llegar a ser total-

mente libre. Te lo recomiendo absolutamente, te encantará.

Mercè Monge Boneta. Autora COME, VIVE, SUEÑA y SE FELIZ.

"Un libro enriquecedor donde la autora trata diversos aspectos psicológicos para empoderar a las personas y entender mejor nuestra mente. Un libro cautivador desde el primer momento."

César Vázquez Yáñez.

"Secretos que no son secretos" es un libro que te hará comprender y te guiará a encontrar tu verdadero yo, ese que llevamos escondidos y nos cuesta tanto encontrarlo. Muchas gracias Verónica por este magnífico libro, vas a ayudar a muchas personas a recuperar su identidad. Te amo.

María José Martínez. Autora del libro "Un adolescente sin rumbo".

ÍNDICE

"Con el tiempo entenderás

que el universo tenía razón

cuando dijo que no,

cuando te apartó del camino

que pensaste que era bueno.

Con el tiempo entiendes

que el universo destruye tus planes

cuando tus planes van a destruirte a ti.

Lo que el universo hace…lo hace bien hecho.

Ten un poco de fe, solo un poco más."

Secretos

que no son

secretos

Cómo ser consciente de tu propio poder

AMADO LECTOR

¿Viste bien la portada? Sino vuelve a mirarla, porque allí estás tú.

Imagina que estás en el océano, en un barco de vela, sólo movido por la dirección que el viento te brinda.

Estás a la deriva, sin rumbo fijo, en el medio de la nada. Dejando que el comportamiento del tiempo te lleve a donde quiera. Dependes totalmente de las condiciones externas, no diriges, no tomas el control, ni decides, en definitiva, no eres el capitán de tu propio barco.

Sólo resistes y sobrevives a todo, hambre, tempestades, lluvias, vientos, dolores físicos, frío, calor, soledad, tristeza y miles de sensaciones más.

Pero dejas que eso suceda, porque no sabes hacia dónde ir, que hacer, y dejas que pase la vida. El tiempo y espacio deciden por ti.

Estás rendido. Te has conformado, por demasiado tiempo, con pescar algo cada día para alimentarte y seguir con vida.

De repente te encuentras con una botella flotando en el medio del océano, la descubres porque brilla, despierta tu curiosidad. Así que te pones en marcha hacia ella. En el camino alcanzas a ver que contiene algo dentro, parece un mensaje.

Te intriga, te moviliza, algo se genera dentro tuyo para que vayas por él. Te acercas, tomas la botella en tus manos, retiras el corcho que mantiene protegido el papel enrollado y lo sacas de su interior.

Te llama la atención que esté atado, y te da la impresión que es muy, muy importante. Entonces agilizas los dedos, con cuidado lo desatas y desenrollas el papel.

Comienzas a leer su contenido, te sorprendes y sientes que nunca antes te habías sentido más vivo que en este mismo instante. Porque descubres que, lo que por muchos años no tuviste en cuenta, no supiste, nadie te lo comunicó, estaba y está dentro de ti.

Sientes que es el secreto o los secretos mejor guardados del Universo y a la vez están disponibles para todos.

En ese preciso instante cambia tu vida, cambia tu rumbo, cambia tu percepción de todo. Te brillan los ojos, tus fuerzas emanan de un lugar dentro de tu pecho, desconocido hasta ahora por ti, y descubres que ya no hay nada que te mantenga a la deriva, sin sentido.

Corres hacia la vela de tu barco, la tomas con alegría, con fuerza, pegas un grito de victoria, de fe, que despierta a todo el océano, el sol brilla para ti, ¡te has despertado!

Tomas el control y te encaminas directo hacia donde eliges comenzar a vivir de verdad, teniendo claro el ¿para qué?, aportándole sentido a todo.

Ya no hay vuelta atrás, el camino recorrido estuvo allí para llegar es este único y exclusivo momento, en el que todo, absolutamente todo cambio de color, de energía, de intención. Ahora sabes que vas a llegar a donde tú, y solo tú, deseas.

Y hay un camino. El que trazas en el mapa, como destino, pero no como final, sino como el comienzo de la vida extraordinaria, aquella que siempre deseaste vivir.

ESTE LIBRO ES EL MENSAJE, Y ES PARA TI!!!

¡ASÍ COMIENZA LA HISTORIA QUE QUIERO COMPARTIR CONTIGO!

¿QUE BUSCO COMPARTIR CONTIGO?

Te presento un plan de cuatro pasos que he creado para que logres ir desde tu vida a la deriva hacia la tierra de tus sueños.

Mi intención es ayudarte a encontrar las herramientas que la vida tiene para ti y para todos los seres de este planeta que te impulsen a lograr tus objetivos, a ser lo que siempre soñaste ser, a convertir todo tu mundo en el que anhelas y compartirlo con tu entorno, con aquellas personas que amas y a las que quieres ver feliz.

Pero primero debes hacerlo tú, por ti mismo. Debes obtener resultados en tu vida y luego podrás guiar a otros, contagiar tu propia luz a otros, como lo estoy haciendo yo contigo.

En este punto solo importas tú, ni el pensamiento, ni las creencias, ni las opiniones de los demás son relevantes; ya no deben estar presentes. Nadie define lo que tú eres, ni lo que haces, solo tú le aportas significado. Así que te voy a pedir que seas egoísta, que te centres en ti por un momento, solo en este proceso, y luego podrás aportar mucho a los demás. Debes entender que todo esto lo inicias por ti mismo, pero consecuentemente lo haces por los demás, tu entorno cercano y hasta donde quieras llegar.

Si tomaste este libro y estás leyendo estás página es porque hay una conexión, algo o mucho de toda la información que contiene es para ti. En el transcurso de la lectura vas a entender porque lo tienes en tus manos y al final, seguro, ya no serás igual al de hoy, serás una mejor versión de ti mismo. Solo una cosa te voy a pedir, que no te quedes sólo en la lectura, que apliques realmente para obtener resultados.

El punto en el que estás parado ahora en tu vida, sabes que no es el ideal, que faltan alcanzar sueños, darle una vuelta a la situación actual, elegir el camino correcto por el que llegar a ellos.

Prosperar constantemente es lo que te mantiene en estado de plenitud y felicidad. Y para ello necesitas conocer el cómo y llevarlo a la acción.

Te has detenido a pensar, ¿cuál es el legado que quieres dejar, cómo y por qué quieres ser recordado? ¿O prefieres irte de este mundo sin haber hecho nada trascendente, que sirva a tu descendencia, a futuras generaciones, incluso a la humanidad? ¿Prefieres llegar a tu lecho de muerte recordando en ese instante todo aquello que no intestaste por miedos, por el qué dirán o simplemente porque lo dejaste pasar pensando que el momento llegaría más adelante?

Te pido que seas sincero hoy y siempre, sé autentico y respóndete la verdad. ¿Qué vida eliges? Aquella que te hace un ser libre para decidir ser el protagonista de tu vida, convertirte en tu propio héroe o esconderte y pasar desapercibido por la vida, en la oscuridad, en la angustia, la soledad y la depresión.

Tú eliges. Ni yo, ni nadie más lo puede hacer por ti. Pero si me preguntas que hacer, la única respuesta que te puedo dar es: "muévete, ponte en acción"

Lo mejor de todo esto es a dónde llegarás. Todo lo que lograrás. En el proceso verás cambios y tu entorno también lo verá. Comenzarás a sentirte mejor a medida que avanzas, y cuando termines esta primer parte sentirás que por fin eres tú y tus sueños conjugados hacia el éxito!

Recuerda que estas sólo en el barco y llegarás solo a destino, pero en el camino pasaras por un proceso, que lo cambiará todo en ti. Y una vez en destino podrás compartir y ayudar a otros.

Mi papel aquí, con este libro, con los siguientes, y con todo lo que vaya generando a partir de aquí, es servirte de guía, de la misma manera que yo he tenido los míos propios. Hasta que te encuentres en el punto de ser guía de otras personas que se encuentran en el mismo lugar que tu lo estás ahora, pero que en un tiempo no lo estarás más.

Sé que todo lo puedes...

¡CREE EN TI!

¡ERES TU PROPIO HÉROE!

¿POR QUÉ HE ELEGIDO ESTE TITULO?

"Secretos que no son secretos": es lo que mi ser, esa voz que te habla, que te guía, esa intuición, me expreso cuando comencé a lograr cambios extraordinarios en mi vida.

Fui descubriendo que todo lo que no nos enseñaron en nuestras familia, en el colegio, en nuestro entorno de aprendizaje, etc. no era porque no existiera, ni porque fuera algo oculto, o algo guardado y solo manipulado por unos pocos… sino que estaba al alcance de todos, a la vista de todos y en el interior de cada uno de nosotros.

Sí, está dentro de ti. Todo, absolutamente todo, se encuentra en nuestro interior. Sólo que no lo aprendimos, no nos han enseñado a utilizarlo. Sino todo lo contrario, nos enseñaron a no escucharnos, a no mirarnos, a no sentirnos; pero si hacerlo hacia afuera, hacia los demás. Escuchar, conocer, entender y actuar para los demás. Es como si todo estuviese dado vuelta. Que loco ¿no?

Por eso decidí contarlo, compartirlo, para así poder ayudar a todo aquel que necesite saberlo, entenderlo, aplicarlo y dar vuelta su vida completamente.

La verdad que no es algo que aprendí de la noche a la mañana. Fueron golpes que la vida me dio para mostrarme aquello que no estaba viendo. Para quitar mis velos de ignorancia y dejar de vivir como si todo fuese un manual de instrucciones, buscando la perfección, no saliendo de las reglas que me habían enseñado y había absorbido en mi mente.

Teniendo un comportamiento socialmente adecuado, dando todo lo que se espera de mí, pero olvidándome quien soy realmente. Convirtiendo mis deseos, sueños y anhelos en los deseos, sueños y anhelos de los demás. Buscando dar aquello que se espera de mi y no lo que yo realmente quiero en esta vida.

En ese estar perdida, no encontrarle sentido a la vida, vivir en la mediocridad, en el conformismo, pero en definitiva vivir mal, es donde fueron apareciendo situaciones, experiencias, libros, maestros y mentores que me mostraron lo que hoy quiero compartir contigo.

Quiero que sepas que no hay secretos solo falta de información, falta de comprensión, de abrirse a los cambios, de cuestionarse todo el tiempo la vida que uno está llevando, mirar el camino recorrido y aprender del mismo. No señalar, culpar y dejar todo afuera.

Debes hacerte cargo, ser responsable de todo lo que te acontece y comenzar a mirar que es lo que te mantiene donde estas ahora mismo.

¿Qué te paraliza?

¿Qué te detiene?

Te aseguro que como respuestas solo tiene excusas. Y sé que duele que te diga esto, se que pensarás:

¿Quién es ella para decirme esto?

Y yo, desde mi humilde, pero ganada experiencia (y todavía me falta recorrer vida y aprender hasta el último de mis días), te voy a decir que lo he vivido durante la mayor parte de mi vida y hoy no es más así.

Porque elegí, decidí y tome ese camino, que cuesta, que duele, en el que hay que moverse, hacer, tomar el poder de tu propia vida para lograr los cambios necesarios camino hacia tus sueños.

Comencé a creer en mí, y tú, si me sigues, te aseguro que harás lo mismo.

Basta ya de tu barco a la deriva y toma el control, dirígelo hacia donde tú quieres que vaya.

Sé el capitán y el héroe de tu propio destino!

¡AQUÍ ESTÁ EL VERDADERO PODER, TÓMALO Y UTILIZALO A TU FAVOR!

¿QUIÉN ES VERÓNICA BARTOLOMMEI?

¡Hola! Esta soy yo. Una persona común y corriente que decidió en un punto comenzar a cambiar el rumbo y elegir, decidir tener una vida plena camino a ser extraordinaria.

Sinceramente hace tiempo que no me conformo con sólo haber nacido, respirar, crecer, desarrollarme, seguir los pasos aceptados socialmente como normales, como única e ideal estructura de vida, para luego morir. Y por ello me convertí en una "buscadora."

En esa búsqueda constante, donde hay períodos más intensos que otros, he encontrado más de lo que imaginaba, he encontrado las respuestas a mis miles de preguntas e incógnitas:

¿Por qué no hay un manual de instrucciones que me diga y me guie cómo construir este camino, llamado vida, concretando todos mis anhelos y mis sueños?

¿Por qué tengo que nacer y al ir creciendo encajar en los estándares que están preparados para mí, en la familia, en el colegio, en el trabajo o profesión y en la sociedad?

¿Por qué no me enseñaron a creer en mí, a ser yo misma, a tener libertad de expresión sin que ello tenga que ofender a alguien, y sin embargo, si enseñarme el cómo debo ser para amoldarme a mi entorno?

¿Por qué debo aprender a ser lo mejor para los demás y no para mí misma, porque eso es egoísta?

Estas son sólo algunas de las preguntas que me he planteado y seguro tú debes tener las mismas o similares y muchas otras más.

Estos cuestionamientos marcaron mi etapa adolescente, donde me he sentido muy perdida, sin pertenecer a ningún lugar, ni ámbito. Eso provocó que me fuera cerrando al exterior. Sufrí mucho, quise desaparecer de esta vida terrenal, no me amaba, no me valoraba, y por ende, sentía que nadie más lo hacía para conmigo.

Me metí dentro de mí, cree un mundo paralelo y comencé a convertirme en una persona extremadamente tímida. Casi no hablaba, ni expresaba lo que sentía o pensaba, por temor a no ser comprendida.

Las experiencias de mi vida se fueron repitiendo, como

un patrón, una y otra vez. Mientras superaba una etapa llegaba otra con experiencias similares pero con distintas personas y diferentes ámbitos.

Con respecto a la profesión me apasionaba la psicología, pero en el momento que terminé la educación de nivel secundario no me fue posible trasladarme a la ciudad donde se cursaba la carrera. Así que mis padres me ofrecieron elegir alguna carrera universitaria que esté disponible en mi ciudad.

Que perdida me encontraba en esa área, ya venía perdida en todas la áreas de mi vida, que en ese momento elegí aquella que era del agrado de mi papá.

Como pensarás, obvio que no tenía sentido obligarme a mi misma a seguir una carrera que no me producía interés ni pasión alguna. Así que fui más de medio año y abandoné.

Luego comencé a estudiar una carrera terciaria y después otra, porque sentía que ya había desperdiciado un año completo. Cuando en realidad no es así, conocí muchas personas, todavía mantengo una amiga de esa etapa y por ella conocí el libro que inició un quiebre en mi proceso de cambio. Hoy se que todo en la vida es por y para algo. Llegan a tu vida los momentos, las circunstancias, las personas adecuadas, en el momento adecuado. Sólo que no te das cuenta hasta pasado determinado tiempo y ves el aprendizaje que te regaló.

Obtuve el título de profesora de nivel inicial y de técnico superior en marketing. Pero sinceramente fue para cumplir con esas creencias que si no obtienes un título profesional no serás nada en el futuro. Y así me sentía, con esos dos títulos, me seguía sintiendo muy poco, totalmente desvalorizada. Los dos estudios me agradaron, pero no podía sacar de mi mente la frustración de no ser lo que me apasionaba. Luego me dedique de lleno a trabajar. Pase por varios trabajos, incluso fui independiente, tuve mi propio negocio al público, almacén de alimentos y productos naturales, y luego cree una marca propia y bien artesanal de carteras. Ahora estoy en una empresa familiar de distribución de insumos descartables. Sin embargo, acá estoy cumpliendo mi sueño de compartir con la mayor cantidad de personas posible mis experiencias y aprendizajes para hacer realidad mis sueños. Y en esto, de estar publicando mis libros, va uno de mis sueños, lo estoy materializando.

Pasé de estar bien económicamente, a vivir muy mal. De tener lo justo para vivir y algunas deudas, pasé a levantarme y generar mucho más de lo que me imaginaba. Y sigo en ese proceso. Cada día obtengo más logros.

En las relaciones encontré mis mayores desafíos. Primero en mi familia. Porque me sentía no comprendida, diferente y me cuestionaba a mi misma y a mis padres todo.

He chocado mucho con ellos, principalmente con mi papá que era una persona muy autoritaria. Pasé de amarlo con todas mis fuerzas cuando era una niña a rechazarlo durante mi etapa adolescente y confrontar demasiado con él. Con mi mamá la relación siempre fue más estable porque me podía comunicar de una manera más cercana y fluida.

Hoy tengo muy en claro que nosotros elegimos a nuestros padres antes de venir a este mundo terrenal. Y sé muy bien lo que cada uno de ellos me tenía que enseñar. Fueron y son, porque agradezco que estén con vida y apoyándome en todo, mis mayores maestros en la vida.

En mi vida sentimental he estado en pareja con personas con las que sabía que ya no funcionaba, y toleraba, hasta que se quebraba del todo. La familia que intenté formar fracasó y me encontré afrontando la vida sola con mi hija. Pero no reniego de todo ello, fueron situaciones de mucho dolor que al tocar fondo me impulsaron a la única opción que tenía, empezar a salir de ese pozo, a luchar, a subir de nivel, escalón tras escalón.

Creo fervientemente que las relaciones en mi caso, para otros serán otras circunstancias, como una enfermedad, un accidente, una crisis económica con mucha pérdida, etc.; fueron los indicadores para que siga buscando cómo salir del sufrimiento que me generaban. De la posición en que yo misma me ubicaba.

En el área de la salud siempre he sido una persona sana y con energía. Solo faltaba o disminuía cuando mi estado anímico decaía por circunstancias o sucesos de las otras dos áreas.

Hoy agradezco con toda mi alma haber vivido y experimentado todo esto. De haber salido de mi posición de víctima. Hoy soy yo misma y apenas comencé a verme, a aceptarme, a quererme, a valorarme, a darme mis espacios sin dañar a nadie; todo en mi cambió. Todo adquirió una tonalidad diferente, la vida me abrazó y me mostró que cada día solo soy yo quien toma las decisiones para ir por mis sueños, para ser mi mejor versión y ella sólo acompaña y fluye a mi lado.

Estoy totalmente preparada para el amor incondicional, para mis éxitos en el área del dinero y para sentirme totalmente saludable, con energía y vitalidad. En todos los ámbitos he logrado un crecimiento increíble y sigue en ascenso.

Por eso estoy aquí. Porque todo mi ser quiere compartir las experiencias por las que pasé y los conocimientos que llegaron a mí, para hoy decir que soy feliz y me siento plena, agradecida a la vida por las lecciones impartidas. Y aunque en el momento de vivirlas no era consciente y me enojaba, me deprimía, me sentía sin fuerzas; hoy puedo asegurarte que vives lo que te toca vivir porque tienes algo que aprender y superar para progresar.

Mi deseo empieza a plasmarse en este libro. Y aunque no soy escritora, ya no me quedo en ese punto de parálisis, y he decidido tomar clases, para ser guiada por mi mentor para lograrlo y trasmitir de la mejor forma posible, y desde mi ser completo, mi propia experiencia para ayudarte a ti, y la mayor cantidad de personas posible, a cambiar el rumbo de sus vidas, lograr sus sueños y anhelos en todos los aspectos.

Ya he logrado bastante y seguiré haciéndolo, porque cuando inicias este camino no tiene fin. Buscas el progreso constantemente, adquieres la habilidad y en ello reside la felicidad.

¡GRACIAS, GRACIAS, GRACIAS POR DARME UN LUGARCITO EN TI!

Mi mayor deseo es que seas feliz y quiero ayudarte para que así sea. Si logro un solo cambio positivo en tu vida este libro, en realidad mi intención, ya habrá logrado su cometido.

Porque cuando tú te encuentras y comienzas a tener fe en ti, a tomar tus propias decisiones, siguiendo tu propia guía y tomando información de aquellas personas que ya han caminado por esa ruta, nada, ni nadie te podrá detener rumbo a tu superación, a tus sueños, a aquello que veías tan lejos, pero ahora te enteras que tú y sólo tú, puedes hacerlo.

Ya son muchas las personas que encuentran su propio brillo y consiguen sus metas. Y si empiezas a observar a aquellos que ganan, que se esfuerzan y llegan a donde quieren, podrás ver que tú también eres uno de ellos. Mira a tu alrededor y las encontrarás. Rodéate de ellas y contágiate. Y cuando tengas tus logros contagia a más personas y así llegaremos a ser todos mejor para nosotros mismos, para la sociedad y para el mundo entero.

¡SE QUE TÚ PUEDES. PORQUE SI YO PUDE Y MUCHAS PERSONAS LO HAN LOGRADO, TU TAMBIÉN LO HARÁS!

Acompáñame que tengo mucho que contarte...

SE TU PROPIO HÉROE

¿Quieres liderar tu vida? ¿Quieres tener el poder y tomar cada decisión? ¿Quieres saber cómo?

Hay pasos, hay un sistema o plan que he identificado en mí y que he visto desarrollar en otras personas que buscan cambiar.

EL PLAN

Es una técnica conformada de cuatros pasos para ayudarte a que te sitúes en un tu estado actual, limitante, con información en tu mente que ya es obsoleta y por lo tanto deberías desechar. Ofreciéndote mucha información, ejemplos y ejercicios que te brindaran más facilidad a la hora de efectuar el proceso de cambio necesario en tu vida para el logro de tus sueños. Para que el éxito, la felicidad y prosperidad sean las palabras más marcadas en tu vida a partir de ahora.

Lo he desarrollado en forma de anclaje, que quiero compartir contigo, para hacer consciente las creencias limitantes y así comenzar a cambiarlas.

Lo llamo así:

Tal vez te ayude al relacionarlo también con ese magnífico personaje de la película Start Wars, ese poderoso maestro jedi guiando al personaje principal de la historia. Te aseguro que solo es coincidencia, pero bienvenido si eso colabora con el anclaje.

Son las iniciales de palabras que te mantendrán en alerta durante todo el proceso de transformación hasta que tengas tus nuevas creencias empoderantes, un ego educado por ti y todo comience a resultar como deseas.

¡VAMOS POR ELLO!

Capítulo 1

Yo

YO. Me estoy refiriendo a ti, a tu YO. Como primer paso debes saber que solo tienes que tenerte en cuenta a ti. Que todo sale de ti, que todo depende de ti. No debes mirar afuera, ni pensar en lo que te rodea. Solo hacerte consciente de tu YO.

Vamos a tratar temas que te involucran, para que comiences a verte realmente. No por fuera, sino quien eres en realidad, tu esencia.

ASI ES LA VIDA

Aquí en este estado, asumiendo que así es la vida, tal cual te ocurre, es muy probable que estés ahora mismo, y no te percatas de ello, o lo has vivido por bastante tiempo. Es lo que generalmente aprendemos. En mi caso, allí he pasado la mayor parte de mi vida, y cuando digo mayor me refiero a casi la totalidad de mis años de vida. Dejando que la vida me lleve por donde desee.

Este estado es el de víctima.

Puede que tú ya la hayas superado o que actualmente estés en ella. Si es la primera opción te guiaré para nunca más volver a ella. Si es la segunda opción hay mucho por hacer y yo estoy aquí para ayudarte.

¿CUÁLES SON ESAS SITUACIONES?

Son todas aquellas situaciones en las que sientes que todo sucede por destino o casualidad. Que no tienes control de ellas. Que vienen del exterior y siempre hay un culpable fuera de ti.

La pregunta que te haces antes estas situaciones es:

¿Por qué a mí?

Y las respuestas a ello siempre contemplan algún culpable afuera, una persona o varias, el tiempo, el espacio, la vida, el entorno, el trabajo, las obligaciones, el gobierno, la economía, etc. Cualquier objeto, persona o situación que este fuera de ti.

Es un sentimiento muy cómodo, ligado a la inmadurez emocional, es un **"pobre de mí."** Es un feed-back con las personas que te rodean para que te apoyen y si lo logras continúas en esa situación una y otra vez. Se convierte en un patrón repetitivo que no te ayuda a crecer y evolucionar, sino que genera todo lo contrario, se hace cada vez más potente.

En general cuando estás en estado de víctima no eres consciente de ello.

Muchas veces es un estado aprendido en el seno familiar. De niños vamos absorbiendo por observación e imitación lo que nos presenta nuestro entorno más cercano. El ser humano por naturaleza siempre tiende a verse separado de todo y esa separación que no es real; te hace sentir foco de todo lo que llega a tu vida, tanto bueno como malo. A veces eres bendecido y a veces maldecido por la vida.

Tus propias quejas, el deseo siempre de cambiar al otro, de culpar al otro de lo que te pasa a ti, sólo te lleva a seguir atrayendo más y más situaciones similares. Que pasado el tiempo, si no aprendiste la lección, vuelven y pegan más duro.

Un niño de 5 años, por ejemplo, que ve a su mamá llorar constantemente, comentando a cada persona que cruza que su vida no funciona como ella desearía, que su marido trabaja todo el día, que tiene que encargarse sola de la crianza de su hijo, que no se siente acompañada, y que cuando sus padres están juntos discuten, se echan culpas mutuamente, sólo puede aprender a sentirse en esa situación. Que la culpa de todo lo que sucede está afuera. A no hacerse cargo, responsable. Y podrá aprender lo contrario si es capaz de salirse de esa posición después de pasar por experiencias propia que impliquen cierto dolor para cambiar lo que mal aprendió.

ESCASEZ

La escasez es en realidad falta de abundancia. Toda la energía que hay en el Universo donde vives es abundante. La escasez o carencia es algo que inventas y creas desde tu mente.

Ya sea porque son creencias y patrones heredados que viniste a trascender o porque estás posicionado desde la necesidad.

Cada vez que sientes que necesitas esto o aquello, estás dando por sabido que a ti te falta. Estás manifestando escasez. Cuando te sientes fragmentado, incompleto, vas a buscar afuera eso que necesitas o te hace falta. Desde este lugar, esperando que algo o alguien te complete en tu necesidad lo único que estás logrando es proyectar escasez y por lo tanto eso vas a recibir.

Tu señal es interpretada por el Universo o energía superior y él siempre responde, debes cuidar consciente y atentamente que es lo que estás manifestando con tu pensamiento, emociones y acciones. Porque de ello puede llegarte lo contrario de lo que deseas. Pero como ves depende únicamente de ti. Comienza a ser un verdadero observador de todo tu ser.

Cuando te encuentras esperando siempre algo de los demás, es cuando estás en el estado de victimismo, el cual se vuelve un espiral ascendente del que luego es difícil salir. Necesitas total comprensión y entendimiento para comprometerte a salir de allí, donde nada nuevo y bueno puede sucederte.

Y te estarás preguntando: - ¿qué debo hacer para ser abundante?

En realidad no debes hacer nada, porque es tu estado natural. El estado del Universo es abundancia total. Entonces lo que te toca es deshacer todo aquello que te limita y te separa de recibir la abundancia. Todas las barreras que te has puesto para no ser quien eres realmente.

Y con abundancia no me refiero a la riqueza económica únicamente, sino a todos los aspectos de la vida. Fíjate cuál de ellos presenta escasez en el momento presente.

¿Qué es lo que te limita a conectarte con la energía Universal y ser abundante?

Todo aquello que realmente no existe y sólo es generado por tu mente, por tu ego.

- Las creencias limitantes

- Los paradigmas

- Las necesidades

- Las preocupaciones

- El miedo

- El odio

- Emociones negativas

Siempre que tú creas que dependes de los demás y que lo que te sucede es producto de tu relación con ellos, sin dudas estarás vibrando en escasez y así te mantendrás si no te haces responsable emocionalmente de ti mismo y tomas las riendas de tu vida completa.

Si prestas atención a los comerciales de televisión podrás darte cuenta que juegan con este punto de escasez que muchos seres humanos manifiestan. Te ofrecen tal producto creándote la necesidad que tienes que tenerlo para ser más atractivo o más importante. Sólo viendo esto te puedes dar cuenta de la falta de amor propio y de poder autentico que estamos viviendo en la sociedad en general. Vienen y nos convencen con cualquier objeto porque el punto es que nos sentimos vacios o incompletos.

Estar en esta situación es una comodidad incómoda. ¿Y por qué este juego de palabras? Porque realmente es así. Estás inmerso en la comodidad de desligar todo afuera, que se hagan cargo de ti, las culpas están en los demás, que los otros te ayudan, que te quieran, te guíen, te den aquello que precisas. Pero a la vez estás incómodo porque nunca vas a obtener todo aquello que deseas desde la necesidad. Siempre te va a faltar algo. Y desde ese lugar solo puedes experimentar dolor.

TE INVITO A UN VIAJE

En estado de victimismo todo es dolor, todo es sufrir. Porque si tú decides que lo que sucede en tú vida depende del exterior, te lo causa algo o alguien, estás eligiendo padecer. Estás eligiendo ser un ser totalmente débil, sin toma de decisión real, dejando que la vida pase.

Este es el estado que vives ahora. En el que te encuentras sólo en tu barco de vela, perdido en el océano, sin más visión que el mundo de agua que te rodea.

Dejando al azar tú destino. Soportando las tempestades, los días de sol que te queman la piel, el hambre que te asalta cuando no logras pescar nada, el frío que te acecha cuando ya no tienes más nada para abrigarte.

Pero sigues así, enojado con la vida, con Dios, con el Universo, con la energía superior o como deseas llamarlo; gritando a los cuatro vientos tu desgracia, tu maldición, preguntándote porque existes, porque tienes que pasar por todo esto, porque tanto sufrimiento.

Te sientes rendido, sin fuerzas y experimentas el mayor dolor jamás imaginado...

DOLOR

Vamos a definir la palabra dolor: sentimiento intenso de pena, tristeza o lástima que se experimenta por motivos emocionales o anímicos.

Pero todos tenemos un umbral de dolor, y aquí es donde radica la toma de conciencia. Cuando las situaciones se te repiten una y otra vez, formando patrones en tu vida, también adquieren más fuerza. Y sabes que la vida es sabia, ella va a seguir poniendo ante ti las mismas situaciones de dolor, en distintos momentos, con distintas personas, pero cada vez más intensas. Te repetirá la lección hasta que la aprendas.

¿Y cuándo decides cambiar? Cuando el dolor se vuelve tan insoportable, estas tan en el fondo que no te queda otra que empezar a salir, empezar a buscar cambios en ti, comenzar a mirar desde otra perspectiva porque la actual ya no te sirve. La actual te lleva siempre al mismo resultado. Entonces te das cuenta que tienes que cambiar tus acciones. Y para cambiar tus acciones debes cambiar tus pensamientos. Esos que te llevan siempre a determinadas emociones y que te destinan al mismo lugar de siempre: el dolor.

Si tomas esta decisión entrarás en el viaje del héroe. Y te aseguro que estarás tomando la mejor decisión de tu vida.

EL VIAJE DEL HÉROE

Primero déjame decirte que estoy segura que si estás aquí leyendo estas líneas, que estoy brindándote con todo mi amor, es porque ya eres un héroe.

Cada uno de nosotros somos personas ordinarias que estamos llamados a un viaje extraordinario. Este viaje es un llamado de nuestro ser, de nuestro interior, de nuestro corazón.

Ser héroe implica que tienes la potencialidad divina para ser mejor de lo que eres hasta ahora. Todos somos héroes en potencia. Pero tienes que despertar y cuando lo haces comienza la aventura, la transformación.

Para resumirlo en una pregunta, sería: ¿qué te está pidiendo la vida en estos momentos, con tus situaciones actuales? ¿Qué estás viviendo en este mismo instante que deseas cambiar?

La vida pide que te despiertes, que tomes acción, que te pongas activo para posibilitar el cambio.

Esto no sucede una sola vez en la vida, sino muchas veces. Vas a enfrentar desafíos. Y en la decisión que tomes está la superación, la transcendencia, si eliges avanzar aun sin saber a dónde te va a llegar, pero tienes claro que ya no te quedarás estancado en el mismo lugar. Porque el dolor ya te impulsó, ya no hay otra opción que ser valiente y enfrentar la situación.

Entonces tomas una decisión. Estás constantemente tomando decisiones en tú vida. Todo el tiempo estás eligiendo; si te quedas cómodo como estás o afrontas dificultades, problemas, para llegar a una situación mejor.

En tu barco a la deriva tenías dos opciones: veías la botella flotando en el océano y seguías navegando sin rumbo, en la posición cómoda pero de mucho dolor; o tomabas acción y te dirigías hacia ella por curiosidad, por descubrir que hay dentro, por tomar esa oportunidad como una señal que podía cambiarlo todo.

Tomaste una decisión, una elección. Fuiste hacia ella y no dejaste pasar la oportunidad.

Tu desesperación de estar perdido, estancado, sin salida te llevo a ver y detectarla allí en la infinidad del océano...

Siempre tienes una elección. Se presentan una serie de oportunidades y aventuras que vas a emprender. Por ejemplo, un cambio de trabajo, de ciudad, de actitud, de pareja, etc. Y esas elecciones o decisiones implican un cambio de adentro hacia afuera. Nunca es al revés.

Tú ya eres un héroe por el hecho de nacer. Porque ese momento implica vivir una tremenda transformación psíquica y física, de ser una criatura acuática, viviendo en líquido amniótico en el vientre de tu mamá, a pasar a ser una pequeña criatura mamífera que respira aire y aprender a caminar en forma vertical. Es un hecho heroico y sin embargo después de eso tienes un gran viaje por hacer.

Siempre hay un ciclo en este viaje. El héroe se va, cambia y vuelve transformado. Esto se repite una y otra vez cuando decides salir del estado de víctima. Cuando decides salir del conformismo, del estancamiento y del dolor.

Se requiere una muerte y resurrección. Ese es el tema básico del viaje del héroe.

En el momento que tomaste el mensaje, los secretos, dentro de la botella, algo internamente murió en ti. Ese que venías siendo hasta el momento, ese que no decidía el rumbo del barco, que no movía la vela hacia una dirección en concreto, desapareció al instante. Y surgió otro tú, el verdadero, el real, el que estaba escondido, adormecido.

Tomaste la vela con tus manos y lo

cambiaste todo. Ahora decides, ahora te involucras, ahora vives con la alegría y la fe que vas a llegar a donde quieres.

La botella con el mensaje fue tu señal, tu guía para lograr ese cambio que solo tú puedes experimentar...

Siempre encontrarás señales, guías, en este caso la botella con el mensaje tomo ese rol. Puede ser un objeto, como este libro o algún otro, pueden ser situaciones, pueden ser personas.

Ahora, te estarás preguntando: ¿es un viaje que emprendemos consciente o inconscientemente? ¿Realizamos ese viaje por iniciativa propia?

Hay varias formas:

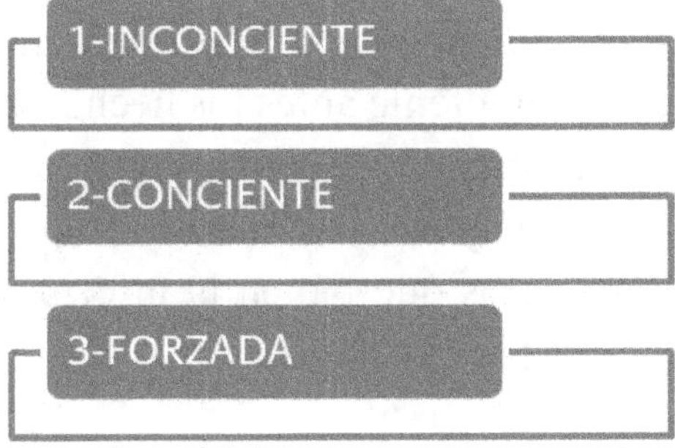

1. Cuando sigues huellas o marcas, sigues pasos que terminan llegando a un lugar en el que nunca antes habías estado. Y ahí te conviertes. Surge la transfor-

mación. En este punto no sabes lo que haces, simplemente te encuentras metido en esa aventura.

2. Cuando tomas una decisión en forma responsable e intencional para lograr algo. La búsqueda que realizas es para lograr un resultado específico. Es encontrar cuál es tu historia, tu naturaleza, tu fuente.

3. Cuando te ves arrojado o forzado a realizar algo. No es tu intención, pero estás ahí y sufres la transformación. Después de la experiencia eres otra persona.

Si te pones a pensar en todas las películas siempre hay un héroe, que es en un inicio una persona común con una vida cotidiana como la de cualquiera de nosotros.

En un momento algo sucede que el personaje tiene que comenzar a superar obstáculos para conseguir aquello para lo que es puesto a prueba. A veces es salvar a su familia, a su pueblo o al mundo entero. El personaje comienza a experimentar todo tipo de situaciones nuevas, saliendo de su zona de confort desde el mismo momento en que es desafiado. En muchas ocasiones se siente impotente antes los hechos, pero en el camino va recibiendo señales y personas que se convierten en sus guías. En su mayoría representado por personas mayores, sabios, maestros que tienen la información porque ya han pasado por ello.

Para nombrarte algunas películas donde se ve claramente, Star Wars, El señor de los anillos, Mátrix, Alicia en el país de las maravillas, por nombrarte solo algunas; al protagonista se le presenta un desafío o varios y encuentra a un guía. Deciden avanzar, escuchar y aprender para superar cada obstáculo que se les presenta.

Para cuando llegaron al objetivo ya son declarados héroes. Ya no son los mismos de antes. Sus miedos los fueron dejando en el camino. Su sabiduría es mayor.

Eso mismo, no a nivel fantasía, sino de realidad total es lo que vives en tu propia vida. Algunas situaciones o experiencias nos llegan y tenemos que afrontarlas. Otras nos son impuestas. Y las mejores son las que elegimos para crecer, para ser mejores que ayer.

No hay ninguna duda que tú eres capaz de conseguir aquello que te propongas, que sueñas desde el corazón. Sólo debes prestarle atención a tu interior. Que es lo que pide, que desea, porque si lo sacas a la luz y te pones en acción con todo lo que te estoy tratando de clarificar y más que vendrá en otros libros, incluso en otros autores que te puedan ayudar a despertar eso tan potente que llevas dormido, te aseguro que no hay nada ni nadie que te detenga.

¡Así que ve por ellos!

¿TODO ES CASUAL?

Tal vez estas acostumbrado a escuchar y decir que todo es casual. Que lo que acontece en tu vida diaria es casualidad. Pero, déjame decirte que, nada de los que sucede en tu vida es al azar, sino que tú lo creas. Tú eres responsable en un 100 % de lo que experimentas. Atraes lo que ves, oyes, sientes.

Esto daría por terminado el hecho que existen las casualidades. Nada en esta vida es casual. Más bien es causal. Es la respuesta de una causa a un efecto. Todo se inicia en algo y tiene su efecto. Todo se sucede en cadena de esa manera.

Cuando comienzas a despertar y te haces más consciente, te das cuenta que eres tú quien dirige tu vida, descubres detalles que antes no habías percibido. Sientes que el universo te habla contantemente, que la vida está allí para ti y todo el tiempo responde a lo que tú estás pensando. Consciente o inconscientemente.

Comienzas a prestar más atención y observas sucesos, situaciones, objetos, personas, charlas que escuchas de otros, una publicidad, y muchos detalles más que mágicamente dan respuesta a lo que andas buscando o te guían hacia ello.

Te quedas asombrado porque algunas de ellas son simplemente increíbles. Te quedas por unos minutos en shock, preguntándote ¿cómo es posible?

A esos sucesos o situaciones se las denomina **sincronicidad**.

Están allí para demostrarte que formas parte de un todo, que todos estamos conectados. Cuando suceden es porque antes tú estabas pensando en algo que deseabas. Generaste esa información en modo de energía y de alguna u otra forma te llega la respuesta por medio de una situación o varias unidas una a otra, formando una cadena, que culmina en aquello que justo necesitas saber o encontrar.

Es fascinante, ¿no? Pero es así, cuando entras en el mundo real de verte, de conocerte, de permitirte ser, todo comienza a alinearse y a manifestarse a tu alrededor. Y tú que ya estás más consciente, más despierto, ves las sincronicidades y las interpretas. Te haces cargo de ellas y te sirven de guía. Escuchas más a tu corazón, a tu intuición, a tu alma porque sabes que ellas son las que las atraen. Más adelante veremos más sobre la energía, y las ondas electromagnéticas que nosotros creamos para atraer todo lo que vivimos.

Por ejemplo: tienes que ir a tu trabajo y no encuentras las llaves del auto. Eso te está retrasando y te pones nervioso. Suena tu teléfono y cuando lo vas a tomar encuentras las llaves a su lado. Terminas la conversación rápidamente para no extender la demora, te subes al auto y sales camino al trabajo.

Ya vas retrasado y eso te ofusca. Piensas en acelerar la marcha y tomar otro camino que no es el habitual, porque el que recorres habitualmente a esa hora debe estar más atascado. Así que te diriges por un camino opcional y cuando tomas la calle te encuentras con un camión recolector de basura, que encima de no permitirte pasar, frena constantemente realizando su tarea. Te preguntas que hace a esa hora un camión recolector por esa zona si es habitual que funcionen por la noche. Y tu retraso crece proporcionalmente a tus nervios, a tu furia.

Estás atascado detrás del camión y de repente ves salir caminando a un amigo que hace tiempo tienes en mente para consultarle sobre un tema que te viene rondando en la cabeza. En una milésima de segundo piensas, ¿qué hace acá si debería estar en el trabajo y en la otra punta de la ciudad? Lo saludas y comienza una conversación donde tu amigo te dice que también necesitaba hablar contigo. Se produce el intercambio de información necesaria entre ustedes y luego cada uno continúa su camino. El camión toma otra dirección y tú puedes seguir más tranquilo y con el camino despejado.

Llegas al trabajo, y aunque llegas a destiempo, ya no estás ofuscado. Porque entendiste que todo lo sucedido desde el inicio solo fueron sincronicidades para que pudieras encontrarte con tu amigo y dar respuesta a algo que hace tiempo querías resolver.

En conclusión, si no perdías las llaves del auto, si no cambiabas de camino, si no te encontrabas al camión recolector y no te demoraba, nunca hubieses llegado a cruzarte con la persona que hacía tiempo venias deseando encontrar o comunicarte.

**El Universo hizo su parte, te guió
y colocó todas las situaciones frente a ti.**

La botella con su mensaje dentro, fue la señal, el objeto, la guía para que reaccionaras y cambiaras tu destino. Eligiendo hacerlo, decidiéndolo.

Pero si lo miras bien, es mucho lo que tuvo que pasar para que así fuera.

Alguien tuvo que haberla arrojado al océano, el cuál es inmenso. Y la botella apareció al alcance de tu vista, en un momento del tiempo y espacio para que la detectaras. Estabas despierto y atento. La luz se reflejo en el vidrio y su destello atrajo tu atención hacia ella...

Toda esa cadena de sucesos terminó donde debía terminar, en tus manos para cambiar tu vida entera.

En definitiva, todo este viaje lleva a zambullirte en tu interior, luchando contra tus propios miedos, limitaciones y obstáculos, para enfrentarlos y regresar transformado.

Es cuando sales de tu zona de confort, y te lanzas a la aventura sin saber cómo y dónde va a terminar; pero seguro que va a ser mejor.

Iniciar este viaje es comenzar a expandirte y llegar a lugares nunca antes imaginado.

ZONA DE CONFORT

Si observas este diagrama puedes ver con claridad donde estás ubicado hoy y todo aquello que puedes estar descartando y perdiéndote en tu vida.

Es un lugar mental que te mantiene limitado, cómodo en lo que ya está en tu vida, en tu rutina. Es todo lo que ya conoces y dominas, como los hábitos, las actitudes y comportamientos. Pero estar mucho tiempo instalado ahí no produce nada nuevo.

Por lo tanto, es un entorno conocido que te hace sentir seguro y protegido. Pero como dice la frase bien conocida: **"el que no arriesga no gana"**, hay que salir de ella para crecer.

Debes expandirte fuera de esa zona hacia la zona de aprendizaje. Es allí donde observas, experimentas, comparas y aprendes situaciones y cosas nuevas. En ésta área se encuentran los viajes, conocer personas nuevas, probar nueva comida, y miles de experiencias que te estimulan, te mantienen entusiasmado y con ganas de comerte el mundo. Comienzas a sentirte realmente vivo y la vida en sí toma significado.

Cuando saltas de una zona menor a una mayor, significa que ambas se expanden, por lo tanto la zona de confort se hace más grande y más tolerante. Además lo aprendido anteriormente se acumula y no se pierde. Son todas experiencias que quedan guardadas para ser utilizadas, si es necesario, como guía para futuros aprendizaje.

Una vez que sales de la zona de confort hacia la zona de aprendizaje sigues expandiéndote y llegas a lo que es la zona desconocida, de pánico, donde habitan tus muros, tus miedos, pero que si les haces frente culmina en la zona mágica, allí donde están tus sueños.

"Acomodarse significa estancarse", no buscar nuevos estímulos, nuevos retos.

¿No te parece aburrido? ¿Te has quedado alguna vez con ganas de hacer otra cosa o de probar algo nuevo, de innovar?

¿Pensaste que hubiese pasado si decidías no levantarte y tomar la vela para acercarte a la botella con el mensaje? Si, te hubieses quedado en esa zona de confort que ya no te agradaba, que te dolía, pero que sin dudas, seguiría acrecentándose...

El conformarte con lo que hay ya en tu vida no tiene nada de bueno, siempre hay anhelos, deseos, sueños…y ellos si o si están fuera de tu zona de confort. Debes asumir riesgos, debes ser valiente. Animarte a superar tus propios límites, moverte hacia lo que deseas, fortalecerte y liderar tu vida. Descubrir aspectos nuevos en tu personalidad y en otras personas, dejar de criticarte y de hacerlo con los demás. Enfocarte en tus logros y objetivos. Inspirar a otros. Incorporar conocimientos y experiencias. Aprender a tomar riesgo calculados. Mejorar la autoestima y el estrés. En especial sentirte motivado constantemente. ¿No te parece una zona fabulosa?

Entonces ve por ella. ¡Ve por todo lo que sueñas!

Generalmente en este viaje vas a experimentar soledad.

Las personas de tu entorno habitual se alejan o incluso desaparecen de tu vida. Aparecen nuevos amigos, enemigos, incluso maestros y mentores que te guiarán y que ya han pasado por experiencias similares. Se convierten en tus redes de apoyo.

Sin embargo, vas a tener momentos de crisis en los cuales necesitas soledad, introspección, para replantearte cual es el modo de vida que quieres elegir, para buscar concentración, paz mental, compromiso interno, equilibrio emocional, valores para reenfocar tus nuevas metas, tu propósito, tu pasión.

Te voy a contar una breve historia

Cuenta una vieja leyenda que había un gran maestro. Se le acerca un hombre y le dice:

- Cuando yo era joven quería cambiar el mundo, pero no lo logré. Ahora que me hice mayor quise cambiar mi país, pero tampoco lo conseguí. Cuando ya maduré y tuve mi familia, me dije: bueno, vamos a intentarlo con mi colonia, y tampoco he sido capaz de cambiarla. Ahora que me quedan años de vida descubro que lo único que podía cambiar era a mí mismo.

A lo que el gran maestro le responde:

- Nunca es tarde para ser tú el cambio que quieres ver en el mundo.

Así que querido lector, espero haberte dado una pequeña guía y tomes la mejor decisión que debes tomar.

Sé que es de valientes y creo que tu eres muy valiente. Si estás leyendo es porque ya estás en el proceso de transformación camino a tu mejor versión.

¡ERES UN HÉROE!

Es mi deseo regalarte la letra de una bellísima canción que interpreta la canta-autora Argentina Patricia Sosa. El nombre de la misma es:"APRENDER A VOLAR".

Sólo puedo compartir aquí una frase de la excelente letra de superación y crecimiento que expresa. Te dejo a ti el trabajo de buscarla y escucharla conscientemente. Te aseguro que no te arrepentirás y te sentirás con las energías por los cielos. Te brindará las fuerzas para continuar leyendo y empoderarte...:

> *Puedes creer, puedes soñar.*
>
> *Abre tus alas aquí está tu libertad...*
>
> *Y no pierdas tiempo,*
>
> *Escucha al viento,*
>
> *Canta por lo que vendrá...*
>
> *¡NO ES TAN DIFÍCIL QUE APRENDAS A VOLAR!*

¡Perfecto, lo has hecho muy bien!

¿Verdad que es inspiradora esta canción? Yo la escucho y la canto bastante seguido. Cada vez que quiero llenarme de impulso para seguir caminando a más y más sueños que me esperan ahí donde los puse.

Tú puedes escucharla y cantarla también para inspirarte o encontrar aquella que vibre contigo. La música es una de las mejores herramientas para llenarnos de energía y vitalidad. Elije siempre aquellas que hablen de crecer, que hablen de victoria, de logros, de sueños, y recárgate.

Ahora que ya estas vibrando alto vamos por aquello que te va a cambiar el rumbo...

¿ME SIGUES?

Capítulo 2

OBSERVO

ORSERVO. ¿Qué observo? Te observas a ti. Que es lo que piensas. Que es lo que sientes. Como reaccionas. Eres consciente de lo que te está pasando en este mismo instante, o si lo analizas después porque en el momento no te haces consciente también es un paso importante antes que no verlo y dejarlo pasar.

Vamos a ver que es aquello que debes observar de ti para hacerte consciente y lograr los cambios necesarios para lograr lo que deseas.

EL PODER DE TUS PENSAMIENTOS

"Todo lo que piensas se manifiesta"

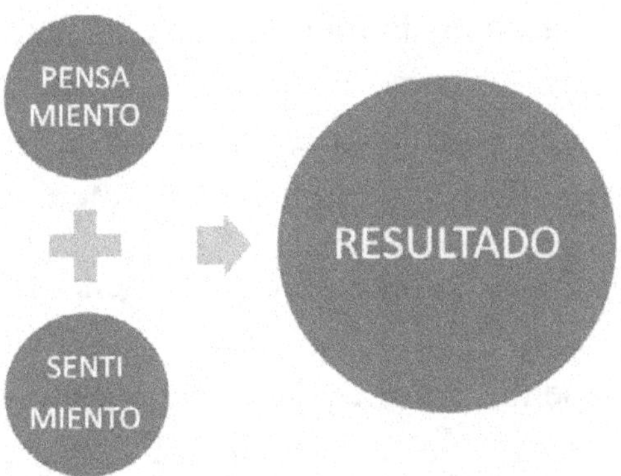

Si, cada pensamiento que tienes y se repite, toma tal fuerza que se hace real. Ya sea positivo o negativo. Si piensas algo bueno eso verás manifestado, si piensas algo malo también lo verás manifestado.

Así que el desafío aquí está en hacer tus pensamientos conscientes para comenzar a manejarlos, para decidir y elegir aquellos que te brinden el bienestar que buscas.

Lo que piensas atrae a la forma, allí donde está tu pensamiento allí estás tú. Porque eres conciencia y aquello sobre lo cual meditas, en eso te convertirás.

Cuando permites que tu mente abrigue pensamientos de odio, condenación, envidia, celos, crítica, miedo, duda, etc., y permites que estos sentimientos de irritación se generen en ti, con toda seguridad tendrás discordia, fracaso y desastre en tu cuerpo, mente y mundo. Cuando persistes en permitir, porque recuerda que tú tienes el poder sobre ellos y no ellos sobre ti, que tu atención y tu foco se mantengan en tales pensamientos, estarás obligándolos a entrar en tu experiencia.

Somos sujetos activos en nuestra experiencia. Somos dueños y responsables de todo lo que nos sucede, por ende toda experiencia es una repercusión, una devolución de nuestros pensamientos, de nuestro estado emocional y de la actitud que decidimos tomar en cada momento.

Dependiendo de lo receptivo que te encuentres atraerás a tu vida situaciones positivas y benéficas o negativas y perjudiciales. Dependiendo del grado de apertura y de donde estas poniendo tu foco de atención. De esta forma atraes aquellas experiencias que están en consonancia con la energía que estas poniendo en tu entorno.

Esto sucede también a nivel interno, te debilitas y contraes enfermedades más fácilmente si tus pensamientos te llevan a creer que eres influenciado por las circunstancias y que no puedes hacer nada ante ellas.

Por ejemplo. Estas en plena estación invernal y comienzas a ver personas con resfrío y gripe en tu entorno laboral. Piensas que el siguiente eres tú...¿qué crees que sucederá? Ya sabes la respuesta. No escaparás de esa situación, ya te la generaste al pensarla, al poner tu energía y enfoque en ello.

Así sucede con todo lo que quieras imaginarte, con cada situación de tu vida, en cualquier área y nivel.

Cuando existe una sucesión de experiencias desagradables no significa que la vida se haya puesto en tu contra, más bien significa que de alguna forma estas boicoteando tu experiencia a través de la energía que movilizas con los pensamientos y acciones.

No existen malas o buenas experiencias. Existen tan solo las experiencias que cada persona, bajo sus circunstancias, podrá darle múltiples significados diferentes, sacar diversos aprendizajes y salir hacia adelante de una manera reforzada, o anclarse en lo sucedido y autodestruirse poco a poco.

A diferencia de lo que muchas personas creen, tú puedes controlar tus pensamientos. El tema radica en que frecuentemente los pensamientos están arraigados a lo que estás acostumbrado.

Las redes neuronales se refuerzan por repetición y se activan pensamientos desagradables o agradables de forma automática ante determinadas situaciones porque ya hemos reforzado una actitud ante ellas.

En el momento en que no te haces consciente de esto, acabas siendo esclavo de lo que piensas, creyendo que no hay forma de salir de los pensamientos que te generan malestar y te llevan a acciones que confirman el estado de esa actitud. Obtienes resultados frustrantes y a continuación te preguntas: ¿por qué nunca consigo lo que quiero? ¿por qué todo lo malo me pasa a mí?

Y seguro te estás preguntando: ¿cómo hago para tener consciencia de mis pensamientos?

Generalmente los identificamos por nuestras emociones.

A menudo el sentimiento se dispara antes que estés consciente del pensamiento o los pensamientos que provocaron tu estado actual.

Por lo tanto debes estar atento a lo que sientes, que emociones tienes, cuáles son tus reacciones ante ciertas circunstancias. De esta manera comenzarás a ver los pensamientos que te llevan a ese estado.

> *Todo aquel que no pueda o no quiera controlar sus pensamientos y sentimientos o emociones, estará mal parado, ya que todas las puertas de su consciencia estarán abiertas de par en par a las actividades desintegradoras emitidas por la mente y emociones de otras personas.*
>
> **Saint Germain**

Como ves, si tú no te haces cargo, consciente de tus pensamientos, estos lo harán por ti. Estarás tomando un rol de observador de todo aquello que te sucede tanto en el plano de la salud, como en el plano amoroso y en el del dinero o negocios.

Tomar conciencia de los pensamientos requiere práctica. Tienes que estar atento a lo que sientes porque ello deriva de lo que estás pensando. La mayoría del tiempo es a nivel inconsciente. Entonces cuando buscas la causa de tu emoción, reacción, sensación, dejas a la vista el o los pensamientos que lo provocaron. Comienzas a ser tú quien decide si están bien o mal y la posibilidad de cambiarlos.

En definitiva, pasas de ser el observador a ser quien maneja y tiene el control de tu vida.

Navegando tu barco a vela, te habías rendido. Pero cuanto tiempo estuviste allí deseando que todo cambie, que esa no fuera la realidad, porque ya estabas en un punto demasiado oscuro para confiar en la luz.

Tanto pensaste en llegar al lugar soñado y tanto te quejaste del tiempo, de la falta de peces, del sol, del viento, de tu destino, que eso es lo que fue creciendo en tu día a día.

Pero cuando viste aquello que llamo

tu atención, aquella señal, fuiste por ella, empujado por la curiosidad, por encontrar y experimentar algo diferente, Y descubriste que esa pequeña cosa insignificante en ese momento dio vuelta tu mundo, ese dónde estabas embarcado.

Si lo piensas bien tú lo atrajiste, tú pedías algo que te ayudara a salir de esa situación, y aunque te rendiste, en un momento, llegó...

Suena fácil, ¿no?

Voy a ser sincera contigo. Si realmente quieres un cambio debes actuar. Debes generar ese cambio. Debes trabajar duro sobre ello hasta que se vuelva un hábito.

Si te das cuenta, en los años que llevas de vida, fuiste adquiriendo hábitos. Esos hábitos son los que muestran un patrón de comportamiento en ti, que repites constantemente de manera inconsciente. Ya son parte de tu personalidad. Es cuando decimos: ¡yo soy así, me crié así, aprendí esto y no puedo cambiar!

"No se puede desatar un nudo sin saber cómo está hecho."

Vamos a hablar un poco de hábitos para entender mejor porque cuesta tanto cambiarlos.

¿QUE HÁBITOS TIENES?

Empecemos, como primera medida, a interiorizarnos en que es un hábito.

Es una rutina o comportamiento que se repite regularmente y tiende a ocurrir inconscientemente. Así que una acción repetida da como resultado la formación de un hábito automático.

Vamos a un ejemplo: la mayoría de las personas se cepillan los dientes 2 ó 3 veces al día. Si tú ya tienes el hábito no piensas: ¿Me lavo los dientes o desayuno y salgo así de casa? ¿Será que hoy si me empiezo a lavar los dientes? Tampoco buscas en internet ¿Cómo empezar a tener el hábito de lavarme los dientes?

No te cuestionas. Simplemente porque cepillarte los dientes es un hábito en tu rutina diaria, no es una decisión que tomar, es parte de tu día, es una acción automática. Al ser automáticos no requieren mucha atención, esfuerzo o motivación de tu parte.

En tu mente pasa lo mismo. Cuando tus acciones son tan repetidas crean una conexión neuronal, una ruta, que hace que sea más fácil y más eficiente para tu cerebro ejecutar una acción repetida en el pasado y con el menor esfuerzo y mínimo gasto de energía.

Para hacerlo visual:

Vas de excursión a una montaña y tienes dos opciones: seguir el sendero marcado hacia la cima o crearla tú mismo entre los árboles y arbustos. Sabes que una puede ser más complicada para llegar a la cima, puedes perderte y no encontrar el punto de llegada, en cambio por la otra sabes que llegas si o si, y en forma fácil porque ya tienes marcada la ruta. Una ruta requiere más atención y esfuerzo. La otra es simple y más rápida.

Tu mente va a tomar la ruta que ya está marcada por los hábitos, por las acciones antes repetidas, porque ya está trazado el camino, ya está hecha la conexión neuronal.

Así que para generar nuevos hábitos tienes que crear rutas nuevas. Un hábito bueno o malo se forma por repetición constante.

Te presento un gráfico para hacer más comprensible el hecho que con el tiempo, si repites contantemente una acción, tú mente y cuerpo la van incorporando progresivamente logrando un aprendizaje que termina en la formación del hábito.

Pasas de algo que te cuesta y tienes que forzar al principio a algo que se vuelve automático.

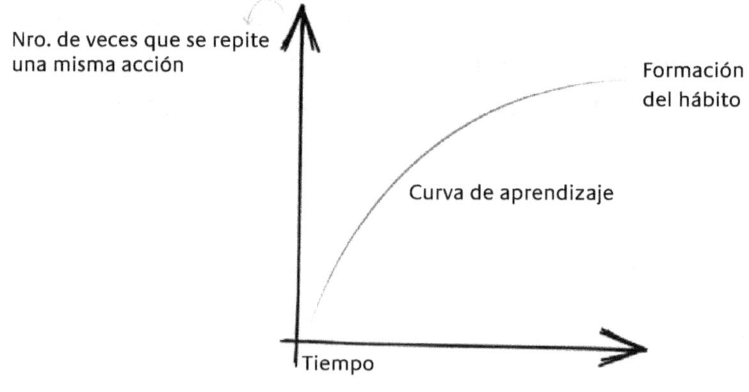

En la imagen puedes ver una curva de aprendizaje en donde la acción requiere de voluntad (es decir que se decide antes de realizarla), luego de un tiempo se genera una meseta en donde ya no hay aprendizaje y se establece el hábito automático.

Para que el hábito se repita constantemente, y no regreses al mal hábito, debes acompañarlo de dos ayudantes:

- Recordatorio
- Recompensa

De esta forma se convierten en un gran equipo junto a la rutina, a la acción repetida y ejecutada constantemente. Conformando la regla de las 3 R:

- Recordatorio
- Rutina
- Recompensa

Y conformando lo que se denomina el ciclo del hábito:

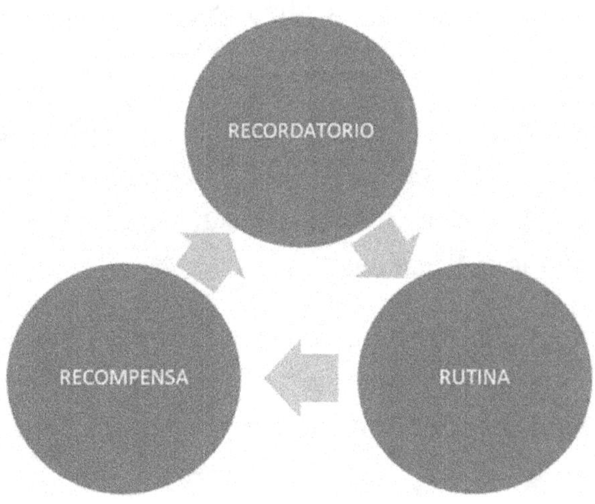

En este ciclo el cerebro logra establecer la conexión neuronal, ese camino trazado que hablábamos antes, siempre que tenga el mismo impulso o recordatorio, y obtenga algo satisfactorio de ella.

¿Te ha pasado alguna vez que cuando haces algo que termina produciéndote dolor lo evitas en el futuro y por el contrario aquello que te produce placer quieres repetirlo?

Bueno, así, evitando el dolor y acercándote al placer es cómo buscamos reemplazar hábitos malos o insanos por buenos o sanos. Eliminamos patrones que ya no toleramos más. Y comenzamos a crear otros más acordes a nuestros estándares actuales.

Ahora todo este proceso tienes que aplicarlo a todo aquello que empezaste a descubrir, a ser consciente, que no te aporta nada nuevo, ni progreso. Lo aplicas para reemplazar hábitos mentales y físicos que son insanos, que te mantienen bloqueado, paralizado en el mismo lugar de siempre.

Eliminas todo aquello que se ha convertido en patrones repetitivos que dan como resultado siempre aquello que no quieres más en tú vida. Tal vez en un momento te sirvió para crecer, pero ahora te estanca.

Imagina que la mayoría de las actividades diarias se tratan de hábitos que te hacen sentir bien. En un momento te costaron esfuerzo, pero hoy ya son parte de tu día normal, ya no te cuestan.

> *Más del 40 % de tus actividades diarias son hábitos que definen tu vida hoy, y están construyendo tu futuro.*

Es momento de tomar acción para diseñar hoy el futuro que deseas mañana.

Nadie lo va hacer por ti, nadie va a golpear la puerta de tu casa y te traerá todo lo que necesitas para lograr tus sueños.

Si no levantas el tubo del teléfono no puedes realizar la llamada. Y así es todo en la vida. Hay que tomar acción. Hay que aplicar los conocimientos para que el camino se vaya abriendo hacia donde deseas.

Quiero contarte un poco de mí, cuando era niña no me atraía ningún deporte y mis padres tampoco me inculcaron uno. Cuando fui creciendo y mirándome al espejo, no me gustaba el reflejo que recibía. Entonces me desvalorizaba, me sentía fea, me sentía menos y hasta llegué al punto de desear ser invisible, que nadie me viera ni me prestara atención. De esta forma atraje justamente aquello que yo sentía, nadie me tenía en cuenta y cada vez me sentía más aislada del mundo. Nadie me enseñó a amarme.

Me mantuve allí durante muchos años, hasta que el dolor y el sufrimiento me impulsaron a tomar una decisión. Comencé a cuidarme en las comidas, a cambiar mis hábitos de alimentación y me anote en un gimnasio.

Fue difícil al inicio pero en el proceso al ir obteniendo resultados y premiando mis avances conseguí acercarme más a lo que deseaba.

También cometí errores y sobre ellos aprendí gracias a estar consciente y hacerme responsable de mis acciones y por ende de los resultados. Me fui convirtiendo en una persona exigente conmigo misma y de a poco fui avanzando a lo que quería.

Ya el reflejo de misma en el espejo estaba más cerca de lo que buscaba, pero nunca iba a ser ideal. Porque no había aprendido a amarme. Ahora sé que todo cambio radica en ello…el amor propio para realmente obtener resultados. En ese momento y por muchos años más no lo comprendí y la vida me siguió golpeando para que despierte y entienda la razón de cada cambio que buscaba realizar en mí.

Los hábitos son sólo una parte de la evolución a una mejor versión de mi misma. Pero quiero mostrarte todo lo demás para que puedas aplicar aquellos que más resuenen contigo.

¡VAMOS POR TU MEJOR VERSIÓN!

LA RAZÓN POR LA QUE TE CIERRAS

El ego. Si, seguro has escuchado hablar de él mil veces y siempre en forma negativa. Pero si sabes acoplarlo a tus sueños y a lo que tu ser, tu corazón desea, sin dudas podrás lograr cosas increíbles.

Pero ¿qué es el ego? Es ese conjunto de máscaras que

has creado para sobrevivir de la mejor manera posible en el entorno que te tocó vivir.

Es como una especie de mecanismo de defensa. A medida que creces te basas en las experiencias que recibes del exterior. En aquello que los demás dicen de ti, principalmente tus padres en la infancia, luego tus compañeros de colegio, tus maestros, en definitiva tu entorno más cercano. A medida que vas creciendo el ego, en cierta forma, fue ayudándote a crear una identidad de ti mismo.

Una identidad que después de tantos años juntos descubres que es la causa de muchos conflictos personales. Porque es esa parte tuya que necesitaba aprobación, que te amen, que se enoja cuando te critican, que necesita tener razón, que busca en el exterior todas la soluciones a tus males.

Tú, yo y la mayoría de las personas creemos que somos esa personalidad que se ha ido generando durante años. Pero en realidad esa identidad no siempre es real, es una identidad que creas para identificarte dentro del entorno en que vives.

El ego como dijimos centra su atención en el exterior y reaccionas ante él. Creyendo que el exterior es causante de todos los males. Pero, como ya hablamos, eso no es real. Justamente no debes dejarte dominar por el ego y creer que todos tus males son provocados por el exterior.

Para comprender esto tienes que saber que el ego se ve separado de todo. Y siempre tratando de protegerte del exterior, siempre en posición defensiva. A diferencia de nuestro ser que se ve unido al todo. La paz, la tranquilidad, la felicidad, no se encuentra en el exterior, sino en el interior, en el ser. Por eso cuando dejas actuar al ego no hay calma, todo parece un remolino de emociones, no hay claridad. El ego maneja mucho la culpa.

Esto no significa que el ego sea malo. En un inicio se desarrolló como protección, para la supervivencia del ser interno, de ese lugar donde todo es perfecto. Allí se encuentra tu esencia, tu ser real, tu verdadero tú. Al que tienes que escuchar realmente.

Lo que sucede generalmente es que el ego desvaloriza, te hace sentir que eres menos, que no puedes lograr aquello que deseas, que quien eres tú para creerte tal o cual cuestión. Y también se puede mover en el otro extremo, cuando crees que puedes todo y te crees superior a los demás, en una competencia constante desvalorizando al otro. Ninguna de las dos formas invitan a tu crecimiento real.

A medida que fuiste creciendo, el ego, se fue desarrollando y se hizo cada vez más fuerte, y es el causante de:

- la desconexión con tu esencia

- de esa sensación de vacío dentro tuyo

- esa sensación de que nadie te conoce realmente

- de estar viviendo una vida que realmente no es la que deseas

- que estas siendo otra persona distinta a la que en realidad eres

Tienes que desapegarte de esas máscaras que creó el ego. Tú eres mucho más que eso. Necesitas reconocer a ese ser que ha estado tapado durante años.

Sal del piloto automático en el que vives y empieza a reconocer que parte de ti es ego y que parte es esencia.

En el ego se encuentran:

- el miedo

- el victimismo

- la culpa

- las acusaciones

- la reactividad

- la búsqueda de aprobación

- el vivir en automático

- buscar lo que necesitas en el exterior

En tu esencia se encuentran:

- el amor

- el hacerte responsable de tu vida

- el perdón

- la comprensión

- la conexión contigo mismo

- tu sabiduría

- el tomar conciencia de la vida

- tu libertad

Ya deja de darle el poder al ego, tú eres mucho más, el poder radica en tu interior.

¡Cuando conectes con tu interior te transformarás!

Te sentías tan olvidado, tan invisible. El mundo entero se había olvidado de ti. ¿Cómo podía pasar semejante cosa?, ¿Qué hacías allí sólo?, ¿Por qué nadie te buscaba?, ¿Dónde estaban los que decían amarte?, ¿Dónde estaba tu creador o fuerza universal, permitiendo que pases por esas circunstancias tan llenas de dolor?

Estabas enojado. Gritabas a los cuatro vientos para que te oiga el mundo entero, para que en el silencio del océano sólo se escuche tu voz reclamando lo que te mereces.

No te explicabas como no te estaban buscando miles de barcos. ¿Tan insignificante eres para los demás?

Tu cabeza y tus ideas no frenaban y te iban quitando las pocas energías que tenías...hasta que te quedaste dormido...

Tu ego a flor de piel contra el mundo entero te dejó extasiado, debilitado, y sin respuestas a nada. Porque no está afuera tuyo, sino dentro tuyo, el saber quién eres realmente.

Seguro quieres saber, porque yo también quise saber, ¿Cómo controlo al ego?, ¿Cómo le quito poder para realmente tomar decisiones desde mi interior, de lo que realmente soy?

Vamos que te cuento...

LO QUE TU CREES

El ego esta sostenido y reforzado por creencias y programas. El programa del ego se basa en protegerte.

Pero todo programa se puede desprogramar.

Vamos por pasos. Sé que a veces se pone un poco aburrido o técnico, pero es necesaria tu comprensión para hacer los cambios luego.

No puedes comenzar 1er grado de educación primaria y al otro año estar en 7mo ya terminando. Como tampoco naciste y ya diste tus primeros pasos. Todo tiene un proceso de comprensión y aprendizaje. Sé que me entiendes.

Como también sé que tú deseas mejorarte cada día, deseas conseguir aquello que sueñas, quieres salir del victimismo, quieres convertirte en ese héroe de tu propia vida que otros admiren y puedan recurrir a ti en busca de ayuda o para saber cómo lo hiciste tan bien, como obtuviste los resultados que sé que vas a conseguir.

Se eso porque de otro modo no estarías acá leyendo. Hiciste conexión con este libro, con estas páginas, conmigo…. Sabes que mi compromiso aquí es darte todas las herramientas que me ayudaron a mí a vencer mis miedos y superarme cada día. Te puedo asegurar que si lo haces, si tomas acción, la parte de ti que no te gusta morirá y renacerá aquella que está en tu interior gritando que la dejes tomar aire. Y cuando la dejes salir te demostrará todo lo que eres capaz, te vas a sorprender de lo que mantenías oculto, vas a alucinar, te vas a maravillar.

Vamos entonces a ver qué es esto de las creencias y programas para luego entender y saber cómo cambiarlas.

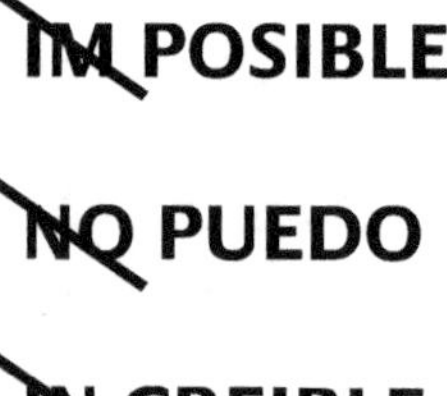

Tú naces como un libro con las hojas en blanco y ellas se van llenando con toda la información de aquello que tus sentidos te permiten experimentar en tu entorno más cercano, tus padres, hermanos, colegio, etc. Creando así un sistema de creencias, que es la forma en que percibes el mundo que te rodea, para adaptarte y sobrevivir. Esa es la formación básica de las creencias, protegerte para que puedas sobrevivir.

Y dirás: ¿Por qué tanto enfoque en sobrevivir, en la protección de mi vida?

Todo tiene una explicación que va más allá de nuestra conciencia.

La necesidad de protección y de sobrevivir ésta arraigada en el ser humano de forma inconsciente, desde las épocas de las primeras existencias humanas. Cuando el hombre debía resguardarse en cuevas o cavernas durante la noche para no ser cazado por ningún animal salvaje y salir de día a cazar y recolectar frutos para alimentarse. Debía estar totalmente atento a su supervivencia. Si se acercaba un animal podía ser él la presa.

Hoy en día ese programa de protección sigue actuando adaptado a la actualidad, pero no deja de existir. Eso explica todos los miedos que nos paralizan y no nos permiten avanzar y crecer en la vida.

Hasta los 7 u 8 años no tienes un pensamiento racional y absorbes todo lo que te enseñan sin cuestionamientos serios de tu parte. Por eso es la etapa en que te educan para que tengas un comportamiento socialmente aceptado.

Y aquí va lo más importante. Esas creencias que van

conformando tu personalidad no son tuyas, sino que son los programas incorporados, en esos períodos, por las personas encargadas de tu crianza. Eso que incorporaron en ti no eres tú, son sólo lo que creen las otras personas. Por eso te limitan, porque no nacieron de ti, sino que fueron absorbidas de lo que los demás creyeron que era lo mejor para ti.

Flotando a la deriva tu mente no frena y piensas que de verdad te creíste aquello que te contaron. Sentiste que todo iba a ser diferente de lo que es ahora mismo, ahora cuando te encuentras tan hundido, tan poca cosa, tan insignificante.

¿Realmente te sirve todo lo que durante tanto tiempo reforzaste en tu mente? Porque, la verdad, no creo que desees estar allí, solo, en el medio de la nada. Solo reprochándote y reprochándole al mundo entero, que hasta ahora acompaño tu camino, ¡por qué no sucede todo lo que siempre creíste!

Sabes que hay ideas tontas en tu mente, y llegaron allí porque en un momento ingresa-

ron con tu permiso y las reforzaste una y otra vez, incluso te han servido en su momento. Pero ahora, no te sirven. Te están dejando en este estado de rendición total donde no tomas el control.

Para salir de allí tienes que adaptarte y eliminar aquellas que solo te hacen sobrevivir y confiar. Creer en aquellas que te apoyan, que te van a tu favor para rescatarte de allí, y seguir ese rumbo que trazaste en el mapa camino a tu destino soñado...

El cerebro está configurado para confirmar nuestras creencias. Como vimos el pensamiento es creador, por lo tanto lo que creemos acaba siendo nuestra realidad: lo que vemos, sentimos y experimentamos.

El ser humano crea tanto desde el consciente como del inconsciente. De hecho un 95 % de nuestras experiencias están dirigidas por el inconsciente. Por eso muchas veces te sucede que tienes metas bien planificadas y por más voluntad que le pongas, a la consecución de las mismas, no las logras. Y esto se debe a creencias limitantes como: "yo no puedo", "no me lo merezco", "no sirvo para eso", "no soy capaz", etc.

Muchas veces las dificultades que encuentras para resolver, eliminar y cambiar creencias tienen que ver con lo siguiente:

↓ **MIEDO A NO SER QUERIDO**

↓ **MIEDO A SER RECHAZADO**

↓ **MIEDO A NO SER ACEPTADO**

↓ **MIEDO AL ABANDONO**

↓ **SENTIMIENTO DE CULPA**

La buena noticia es que ya eres adulto. Ya acabó la etapa en que esas creencias limitantes podían realmente afectarte y te mantenían en temor o miedo constante. Ya es hora que seas responsable de ti mismo. Tienes la capacidad de eliminar esas creencias que son obsoletas para ti ahora, las que te limitan e incorporar aquellas que te hacen sentir y ser mejor, que te hacen progresar.

Los miedos son sólo creaciones de tu mente para detenerte, para protegerte. Es ficticio, pero te provoca tanto susto, que sientes que es real, te paraliza y no avanzas.

De una vez por todas debes abandonar esa postura y darle pelea a esos pensamientos que aparecen cuando estás a punto de lograr algo importante para tu vida.

El miedo es el principal saboteador de todo aquello que te mereces por derecho divino. Pero él te convence que no es así, que no es para ti, que no eres digno, que no sabrás como hacerlo. Error creer eso, ya lo hiciste por bastante tiempo.

Te voy a contar varios ejemplos reales del poder que tienen tus creencias.

-Un experimento Nazi consistía en golpear a una persona hasta lograr su desmayo, su inconsciencia. Luego lo ubicaban en una tina llena de agua, sangre y extremidades que no le pertenecían a él. Una vez preparada la escena, lo volvían a golpear para despertarlo y la persona al ver toda esa situación creyendo que lo que observaba era parte de él, no tardaba mucho en morirse.

- Una persona se quedó encerrado en un refrigerador, de esos refrigeradores de restaurantes, que son de gran tamaño. Por el miedo que le provocó y la creencia que no podía sobrevivir mucho tiempo ahí dentro, derivó en su muerte. Lo curioso de todo esto es que esa persona murió por hipotermia, cuando en realidad el refrigerador no funcionaba.

- A un hombre le diagnosticaron cáncer, muy avanzado, en su estadío final. Le dieron muy poco tiempo de vida. La persona falleció en el tiempo que le habían indicado como aproximación. Pero lo más curioso es que sus estudios habían sido confundidos con los de otro paciente y al practicarle una autopsia descubrieron que no falleció producto de un cáncer, sino que su corazón dejo de funcionar. A raíz de creer las palabras del médico y su poco tiempo de vida, eso fue lo que materializó.

Te aseguro que hay miles de ejemplos. Incluso estoy segura que vas a poder detectar muchas situaciones y experiencias que te deben haber sucedido a ti o alguien cercano, solamente por sus creencias.

No debes permitir que nadie te etiquete, que te diga cómo eres, quien eres o quien no eres, que tienes o que no tienes, que puedes o no puedes, que sabes o no sabes. Porque si te las crees así serán.

Solo tú mismo decides para donde quieres llevar tu vida y nada que venga del exterior a querer limitarte lo puede conseguir si tú no se lo permites.

Por ese motivo es fundamental el entorno en el que te

mueves constantemente. Tú eres el resultado de las cinco personas con las que te juntas, las más allegadas a ti. Debes prestar mucha atención a ello, porque si ese entorno tiene creencias muy arraigadas, por ejemplo sobre carencia, tu terminarás viviendo y experimentando carencia en tu vida porque está arraigado en tus creencias. Lo mismo sucede si por el contrario estas en un entorno donde sobresalen las creencias de abundancia, de seguro no te faltará nada.

Atraemos por vibración, por lo tanto tu entorno vibra igual que tú, tiene las mismas creencias y por eso te sientes cómodo allí. Pero si esas creencias son limitantes, debes ser consciente que las tuyas también lo son. Porque nos atraemos como imanes, por nuestros pensamientos y creencias.

Cuando empieces a trabajar en ti, y logres cambios positivos vas a notar que tu entorno reacciona. Y puede hacerlo de dos maneras:

- te cuestionan tus cambios, no te entienden y se alejan o te alejas porque ya no te sientes parte.

- te acompañan en el cambio y por lo tanto todo tu entorno vive la transformación.

En este proceso de ir descubriéndote y conociendo tu verdadera esencia, observa muy bien lo que sucede a tu alrededor, porque eso también te va a dar respuestas sobre si vas por el buen camino.

Es normal que personas se alejen, que personas nuevas lleguen, que comiencen aparecer resistencias, desde miedos que antes no tenías, palabras que te dicen y te hacen dudar, te quedas sin trabajo, o te roban, hasta cuestiones físicas o de salud.

Es importante que lo sepas para no detenerte. Porque la mente ante tus cambios y salir de tu zona de confort se desestabiliza y busca por todas las maneras posibles ponerte un freno. Así que primero intenta con una cosa, si no lo logra, sigue con otra, y así sucesivamente. Cada vez que logres sobrepasar esas resistencias llegarán a ti las mejores situaciones. De esta forma te darás cuenta que esos supuestos impedimentos que te sucedían era para que demostraras tu FE, tu convicción de aquello que quieres lograr.

Cuando vas superando las resistencias, los muros, las barreras, le estás diciendo al Universo que tú no estás jugando, sino que vas enserio. El Universo lo entiende, te responde y te premia.

Por todo esto y por la consecución de tus sueños es que debes ser fuerte, responsable, comprometerte contigo y con tu propósito. Mantenerte enfocado, que nada ni nadie te distraiga. Confiar plenamente en ti y en que el Universo ya te escucho. Pronto llegará la respuesta.

¿No te parece que llegó el momento de cambiar esa historia y tomar las riendas de tu vida?

> *"Ni tus peores enemigos pueden hacerte tanto daño como tus propios pensamientos."*
>
> **Budha**

LOS CUATRO PARADIGMAS BÁSICOS

Existen cuatro paradigmas o mitos que definen nuestro día a día, al cual parece que hay que pedirles permiso para crear nuestra realidad, porque ellos son los que aprendimos desde niños abarcando todos los ámbitos de nuestra vida.

Vamos que te los presento, ya los conoces, pero aquí vamos a buscar desterrar estos mitos.

Ellos son la economía, la política, la ciencia y la religión.

Ahora vamos uno por uno

- **La economía**. El paradigma es tener o no tener. La aplicación en la vida cotidiana sería: ¿tengo dinero? Porque si no tienes dinero no vas a poder crear realidad. Esa es la limitación de este paradigma.

- **La política**. El paradigma es poder o no poder. ¿puedo manejar mi propia empresa? Porque si no puedes sigues siendo empleado, obteniendo resultados para otro y viviendo la vida de otro.

- **La ciencia**. El paradigma es saber o no saber. Si la ciencia lo dice, es así y sino, no. Si no sabes algo, renuncias a hacerlo. Esa es la parte limitante de este paradigma.

- **La religión**. El paradigma es creer o no creer. Ello determina lo que debes o no debes hacer según tus creencias. Lo que está bien y lo que está mal. Lo que realmente crees que puedes lograr.

Todos estos paradigmas forman parte del inconsciente colectivo, de la sociedad en la que vives, y determinan el comportamiento de las masas y la tuya en particular. Son en realidad mitos instalados como programaciones.

Siempre estas girando sobre estos cuatro paradigmas y de ese modo terminas actuando desde el mito imperante de los mismos, que te enfrentan a una continua situación de necesidad o falta.

Si te frenas ante ellas debes reconocer que estás poniendo el foco en la realidad externa y no estás actuando desde tu Yo interno.

Si sigues ésta lógica siempre estás condicionado a una falta que te llevará a la postergación o negación.

Por ejemplo dirás: cuando tenga poder para hacer tal cosa, entonces lo haré. Cuando adquiera el conocimiento para saber hacerlo, lo haré. Cuando ahorre el dinero para emprender mi proyecto, entonces lo haré.

Puedes ver claramente como se manifiesta la situación de postergación y de esta manera caes siempre en la espera.

Debes trascender estos paradigmas o mitos, creando uno nuevo cuya premisa es que eres capaz de crear tu propia realidad.

Estos paradigmas siempre entran en juego sin darte cuenta, porque están tan incorporados en nuestro inconsciente que no eres capaz de detectarlo. Pero ahora que ya sabes de ellos, los sacas a la luz y comienzas a prestarle atención cada vez que notas que estás limitándote tú solito. Tienes que comenzar a observarte todo el tiempo para hacerlos consciente hasta que logres cambiarlos.

Al no permitir que sea tu entorno, el afuera, el que te frene con sus dialécticas al preguntarte si ante tu deseo, puedes o no puedes, debes o no debes, sabes o no sabes, o tienes o no tienes, automáticamente te liberas de esas cuestiones y te haces responsable de lo que la realidad te refleja.

Cuando comprendes que eso que llamamos realidad es sólo el reflejo de tu proceso interno, entonces te haces consciente y te vuelves capaz de cumplir tus sueños y alcanzar los resultados que te propones.

A partir de aquí queda en ti la decisión de desterrar los paradigmas y mitos que te han paralizado, que te han limitado, hasta el momento e instalar aquellos nuevos de mayor conveniencia para la consecución de tus objetivos.

UNA AYUDITA

Vamos por un ejercicio para reconocer y hacer consciente tus creencias actuales.

Todo nace de un problema. Crees estar viviendo las siguientes situaciones:

- **En las relaciones**: no funcionan porque son sofocantes, exigentes, te critican, no te apoyan, no se preocupan por ti, o cualquier queja que tengas con respecto a las relaciones en tu vida.

- **En la economía**: el dinero nunca me alcanza, no me pagan lo que deberían, así como ingresa el dinero se escurre como agua, etc. Más cualquier otra queja con respecto este ámbito.

- **En la salud**: siempre me pesco todos los virus, me siento cansado todo el tiempo, me duele el cuerpo contantemente, no puedo conciliar el sueño y al otro día me siento desecho, etc. Más cualquier otra queja con respecto a este ámbito.

1. Anota en una libreta cuales son las tuyas. Se totalmente sincero sin dejar pasar ninguna. Recuerda que estás trabajando para superarte a ti mismo y nadie te va a cuestionar o juzgar, así que tampoco lo hagas tú.

2. El paso siguiente es anotar que **"deberías"** hacer. Teniendo en cuenta las distintas áreas y las quejas que manifestaste. Escribe todas las que te surjan.

3. Por último, a los deberías que escribiste, hazte la pregunta: ¿Por qué deberías hacer, ser, sentir o tener tal o cual situación? Cuando descubras las respuestas que diste encontrarás de donde provienen tus creencias limitantes y porque tu vida es como es actualmente.

Por ejemplo si respondes:

- Porque me lo dijo mi madre.

- Porque tengo que ser perfecto.

- Porque me da temor hacerlo.

- Porque soy tímido.

Y así la lista puede ser interminable. Tú tienes que descubrir cuáles son los tuyos. Todos esos ¿por qué? que respondiste son tus limitaciones.

Ahora ya las ves y puedes ponerte en acción para cambiarlas. Ya no te son de utilidad para lograr una vida extraordinaria.

PATRONES DE CONDUCTA

¿Qué es un patrón de conducta? Es un tipo de conducta que te sirve de modelo. Las vas adquiriendo mediante el aprendizaje, bien por lo que observamos o por experiencias propias.

Si dichos patrones te han funcionado ante una circunstancia determinada, es normal que tiendas a repetirla aunque no siempre sea recomendable.

Hay dos maneras de repetir patrones de conducta:

Patrones positivos-constructivos: son los que te ayudan a reafirmarte en la vida. Experimentas paz y seguridad. Actitud firme, palabras claras, volumen de voz apropiado. Se integra a los demás y los juicios se basan solo en hechos comprobados.

Patrones negativos- destructivos: son los que te llevan a la auto destrucción. Genera tensión, poca energía, temblores, estrés. Se afecta a los demás y se rompen relaciones.

Los patrones de conducta definen tu personalidad, ya que modulan el conjunto de sentimientos, emociones, pensamientos y actitudes que tienes en la vida. Sabes que la personalidad es única, pero puede modificarse como todo lo antes expuesto.

¿Y cuándo decides cambiar tus patrones de conducta? Cuando ya has sufrido demasiado por la repetición del mismo, cuando las conductas son negativas o autodestructivas y te producen sentimientos de frustración y tristeza.

Muchas veces creemos que nos engañan los amigos, que en nuestro trabajo somos ninguneados o que fracasamos en el amor por mucho que nos esforcemos. Y la verdad es probable que en la vida nos crucemos con estos episodios por lo menos alguna vez, pero cuando se repite el resultado una y otra vez, el problema puede ser nuestro.

Parece algo tonto repetir una y otra vez la misma conducta cuando ya sabes de antemano que te acarrea consecuencias negativas, pero no es tan fácil evitarlos cuando ya fueron aprendidas e interiorizadas.

Para ejemplificar:

Matías es un niño de 7 años y está creciendo en un hogar donde reina el alcoholismo y los malos tratos. Tiene dos opciones huir o evadirse para sobrevivir.

Entonces cuando tenga una situación complicada en su

vida tiende a repetir el patrón y revive la historia o finge que no pasa nada para no enfrentar algo que le incomoda.

Hasta aquí sientes que con los patrones positivos - constructivos no hay ningún tipo de inconveniente. Pero si con los patrones de conducta negativos- destructivos porque te están llevando por un camino en la vida que no quieres, que no te agrada y que te hace sufrir.

Si tú crees que te define la cobardía, la timidez, la ira, el fracaso, el miedo o cualquier otra definición que te impide alcanzar la persona que deseas ser, quizá llegó el momento de descubrir que no eres nada de eso.

Crees que lo eres porque es lo que aprendiste en la infancia y es lo que has repetido a lo largo de la vida, buscando personas, trabajos, relaciones y circunstancias que corroboran que, efectivamente, eres así.

Según los principios de la física cuántica, la realidad es múltiple y se define según el observador, por lo tanto eres tú mismo quien genera con tus pensamientos, tus actitudes y tu energía los acontecimientos que corroboran tu versión de la realidad.

Crees que te conoces, tienes una idea preconcebida de quien eres en función de las experiencias que has tenido a lo largo de tu vida. Sobre todo las de la niñez (amor, rechazo, cobijo, desamparo, etc.) Aquí está la materia prima con las que construimos nuestras primeras redes neuronales, el camino trazado que se refuerza repitiéndolo una y otra vez. Lo que aprendiste en esta etapa quedó instalado en tú inconsciente.

Esto sucede porque nuestro cerebro es una máquina extraordinaria y tan sofisticada, que como ocurre con todas las manifestaciones de la naturaleza, está preparada para rendir al máximo pero realizando el mínimo esfuerzo. Es por ello que el cerebro desarrolla redes neuronales que permiten retener el aprendizaje, siendo capaz de generar pensamientos y reacciones automáticas sin tener que pasar una y otra vez por la misma experiencia.

Es magnífico, ¿no? Pero esto tiene sus "pro" y sus "contra", porque así como te permite ahorrar energía, también te condena a repetir actos automáticos generados en un momento de tu vida que ya nada tienen que ver con el momento actual.

LA PLASTICIDAD DEL CEREBRO

Este es un maravilloso descubrimiento de la neurociencia. Nos explica que las redes neuronales pueden deshacerse y reconstruirse de diferentes maneras. Es la capacidad que tiene el sistema nervioso para cambiar de estructura y su funcionamiento a lo largo de la vida.

La neuroplasticidad permite a las neuronas regenerarse tanto anatómica como funcionalmente y formar nuevas conexiones sinápticas.

Lo siguiente es una representación gráfica de cómo puede desarrollarse una red neuronal tras someterla de forma continua a una estimulación de aprendizaje.

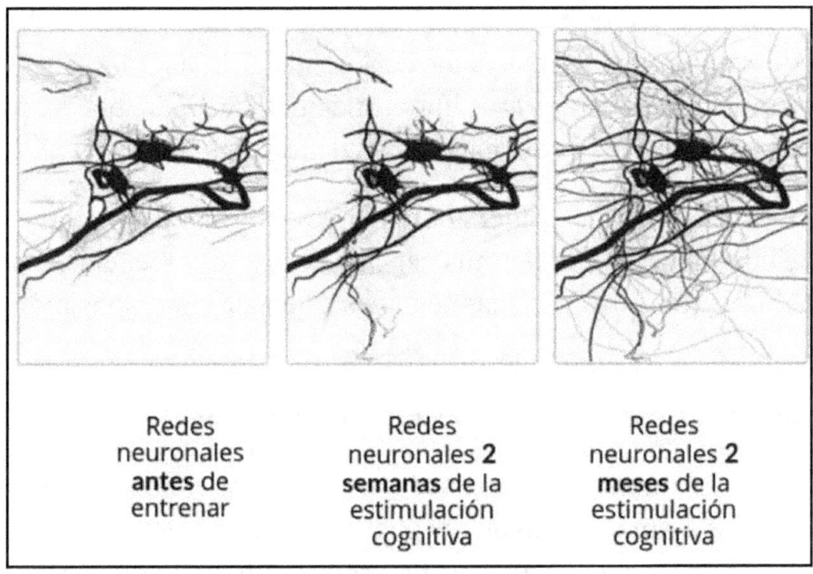

A esta altura, los descubrimientos científicos nos demuestran que tenemos la capacidad de modificar todo aquello que deseemos. Ya no hay más excusas para nadie y no quiero escuchar las tuyas. Porque puedes hacerlo. Sólo necesitas voluntad y compromiso.

Yo lo he puesto en acción en mi vida y te aseguro que los resultados están a la vista, mi vida por completo ha cambiado y seguiré haciendo más y más cambios positivos para lograr el progreso constante, allí donde se encuentra la felicidad, el disfrute, la plenitud. Ya sufrí lo suficiente simplemente porque mis conceptos, creencias y paradigmas no eran los adecuados para mí y me sentía constantemente disgustada. Eso provocaba más situaciones acordes a mis pensamientos y emociones, lo cual hacia crecer de una manera exponencial ese camino a sentirme cada vez peor.

Si yo lo logré, tú también lo lograrás. Incluso más rápido que yo. Porque me costó años de aprendizaje y ahora lo estoy resumiendo en este y otros libros que publicaré, para que puedas transformar tu vida más rápido de lo que te imaginas.

Nadie dijo que es fácil, pero puedes cambiar tus patrones de conducta. Al cambiar tus pensamientos, tus creencias, tus hábitos con muy variadas técnicas que están a disposición de todos.

Algunos tips para cambiar los automatismos

- **El amor**. Es lo más básico. Todos queremos amar y ser amados. Lo que hagan los demás no está en nuestras manos, pero si es tú responsabilidad lo que haces. El primer paso es cuidarte. Eso significa, alimentarte bien, hacer ejercicio, dormir bien, encontrar tus propios espacios para relajarte, etc.

- **Hacer lo contrario**. Comienza a buscar situaciones para hacer lo contrario de lo que haces habitualmente. Por ejemplo si eres muy dependiente de otras personas intenta hacer actividades solo, como ir al cine, ir de compras o a un bar. La primera vez te sentirás muy raro, pero es una experiencia muy reveladora, en la que sales de tu zona de confort y te permites ir descubriendo facetas de ti mismo que hasta el momento desconocías.

- **Debes tener paciencia**. En todo este proceso de ir descubriéndote debes, ante todo, tener paciencia. Al principio va a costar y tal vez te sientas torpe. Pero te aseguro que en cada paso vas a ir aprendiendo más de ti y podrás reconocer aquello que te disgusta para accionar al cambio.

- **Atención plena**. Es la manera de auto-conocerte y detectar los patrones de conducta destructivos que son los que realmente importan, ya que son los que deseas cambiar. Debes tener tu atención en el aquí y ahora. Debes aplicarlo la mayor parte del tiempo posible, observando circunstancias, conversaciones, actitudes, reacciones, etc. Para luego cuestionártelas si te instalaron en una posición incómoda.

- **Silencio y soledad**. Es fundamental darte esos espacios para poder escuchar tu voz interior, que generalmente queda oculta por los ruidos externos, por la velocidad con la que ocurre todo, por estar siempre rodeado de personas y si no es así buscamos estar ocupados con las redes sociales o la tv. Date el permiso de escucharte, de asumir ese vacío que sientes, en un principio, por falta de costumbre; y luego verás que es el mejor lugar para estar porque encontrarás paz, tranquilidad, plenitud.

La meditación y la atención plena ayudan muchísimo con este proceso de consciencia que necesitamos realizar en la consecución de los cambios necesarios para liderar y ser soberanos de nuestra vida.

Ahora sabes que no vas a dejar pasar una señal más mientras esté al alcance de tu vista. Que todo ocurre por y para algo. Que siempre pueden aparecer situaciones nuevas que lo cambien todo.

En el medio del océano, donde te encontrabas perdido, y totalmente desanimado, esa botella, y su contenido, fue lo más significativo e importante que te podía pasar. Todo lo construido en tu mente se vino abajo como un castillo de naipes. Lo viste suceder, lo sentiste en ti, y descubriste que hay creencias e ideas que no van más, que son basura para tirar por la borda o enterrar muy lejos de ti..

Sabiendo ya todo esto, debo decirte, que en la construcción de las nuevas creencias empoderantes no debe haber fisuras. Y eso se logra nutriéndolas constantemente, debilitando aquellas que te limitan y fortaleciendo cada día las que te brindan poder, el poder de elegir.

¿Por qué es importante que no se produzcan fisuras en la formación de las nuevas creencias? Para que las de los demás no te afecten, para que no ingresen a tu mente las creencias de otros, que vives, que escuchas en tu entorno cercano y en las personas que llegan a ti.

Debes trabajar todo el tiempo en blindar esas creencias nuevas en tu mente para evitar fisuras y ese trabajo debe ser constante, se debe volver un hábito.

Al principio debes pensarlo y obligarte hacerlo hasta que se vuelve automático y ya no necesitas mucho esfuerzo de tu parte. Al principio debes hacer un esfuerzo. Pero como todo, llega.

Te aseguro que te sentirás feliz de mirar atrás y ver todo lo que lograste. Te felicitarás por no haberte quedado paralizado dónde estabas, por ser valiente y emprender este camino que te hace sentir más vivo que nunca.

Lo mejor de todo es que sin darte cuenta contagias a todo tu entorno y todo cambia. Se vuelve más brillante, más armonioso, más alegre. Y sabes que no hay vuelta atrás, que cosas maravillosas van a seguir sucediendo constantemente. No existe un freno, apretaste el acelerador hacia la consecución de tus sueños y vas camino a ellos.

Dite:

"YO LIDERO MI VIDA Y PARA ELLO LIDERO MI MENTE AQUÍ, AHORA Y SIEMPRE"

Es como conducir un auto. Para ello primero tienes que aprender hacerlo, pero el que lidera, el que toma el volante y conduce eres tú. Decides a donde quieres ir.

Si no eres capaz de hacer este auto-liderazgo, nadie lo va hacer por ti.

Necesitas consciencia absoluta de lo que digieres mental y emocionalmente. No te comerías nada que esté en mal estado, pero si has pasado mucho tiempo ingiriendo pensamiento de desvalorización, carencia, falta de amor, etc. Pensamientos tales como: "soy malo", "nadie me quiere", "no sirvo", "no sé hacer esto", etc. Ya es hora de cambiar todo eso. Basta de tanta basura mental.

Llego el momento de nutrirte de pensamiento y creencias nuevas. De liderarte, de hacerte cargo y responsable de nuevos pensamientos y actitudes para que terminen siendo coherente con aquello que realmente deseas.

No puedes ser escritor, por ejemplo, si crees que eres terriblemente malo a la hora de expresarte. Debes primero cambiar ese concepto en ti, y cuando lo hagas verás el cambio.

¡VAMOS POR EL SIGUIENTE PASO
DE ESTE FABULOSO PLAN!

¡LO ESTÁS HACIENDO MUY BIEN!

Capítulo 3

DECIDO

DECIDO. Una vez que te haces cargo de ti y te observas ante determinada circunstancia, eliges, tomas una decisión sobre aquello que te hace evolucionar, te hace crecer como persona. Una decisión que lo cambie todo, que te empodere. Que fluya más de tu interior, de la intuición, del corazón.

TUS RESULTADOS

Todo aquello en lo que creíste siempre, crea tu realidad y por lo tanto, también tiene la capacidad de limitarte y no dejarte avanzar o mover de tu zona de confort, porque es allí donde se activan todos tus miedos y te impiden ir a estados desconocidos de aprendizaje.

Las creencias te limitan. Crean un modelo mental y tienen el enorme poder de hacer que sólo puedas vivir dentro de él. Te limitan porque hace que escojas aquello que ya está en tu modelo de creencias y rechaces las que no están en él. A partir de tu modelo mental comprendes y resuelves una situación, juzgas y escoges a las personas.

Tal vez ya viste una imagen que anda rondando por las redes, sino puedes buscarla, donde mantienen quieto a un caballo atado a una silla de plástico. La ves y un segundo te clarifica todo. A parte que se añade un toque de humor que siempre vienen muy bien.

¿Cuántas veces te has manifestado así viendo limitaciones donde realmente no las hay?

El ego está sustentado por las creencias. Y él las defiende a muerte. Por eso te descubres muchas veces reaccionando de una forma irracional ante determinado episodio o circunstancia. Es algo aprendido y ya instalado en tu inconsciente. En ese instante no estás racionalizando sino que estás actuando en automático.

En este punto te das cuenta que siempre repites lo mismo, tienes las mismas reacciones, actúas igual a veces anteriores y por lo tanto obtienes los mismos resultados. Tus creencias, tu ego está actuando. No pide permiso, no te pregunta, ya es automático.

Ahora, si después de una situación te sientes mal, entra a jugar la culpa. Te enojas con otros o contigo mismo y ya no quieres seguir jugando el mismo juego. Entonces debes accionar a tu favor y reeducar a tu ego.

Puedes pasar de tener un ego reactivo a tener un ego educado. Reeducar el ego para alinearlo con la mente, con el inconsciente.

Ego reactivo	⟺	**Ego educado**
automático		**controlado**

EGO REACTIVO	EGO EDUCADO
Lo mueve el miedo	Lo mueve el amor
Resistencias, inmovilización	Movimiento, evolución
Limitación a mí mismo y hacia los demás	Oportunidades, apertura, expansión
Te dejas llevar, que todo suceda	Tomas control, co-creas, eliges
Escases, conformismo	Abundancia, mi mejor versión

Reeducar el ego es nutrirlo con pensamientos nuevos, para alinearlo con la mente y así llegar a un punto de encuentro donde tú puedes liderar.

Al comenzar a cambiar tus pensamientos y ver tus merecimientos se genera una vibración que produce un impacto que la eleva. Vas saliendo de los pensamientos que te generan ruido, que ya no vibran contigo, con los que ya no te sientes cómodo. Te mueves de la situación de maestría en las limitaciones, a la toma de decisión de cambiarlo radicalmente.

Por ejemplo, un pensamiento, creencia o programa de carencia sería decirte:

- no puedo comprarme ese sweeter.

Tienes el pensamiento de carencia y por lo tanto adquieres esa vibración y atraes eso. Porque tu atención y foco está en ese pensamiento, te lo crees y se convierte en tu realidad. Es un pensamiento o creencia limitante. Si no le pones freno entras en un bucle que crece cada vez más llevándolo a todos los ámbitos de tu vida. Te crees incapaz, que no lo mereces y es lo que obtienes.

Pero ahora sabes que puedes cambiar esas limitaciones,

tú puedes liderar. Ya no permites que tu mente decida en automático. Tomas el poder. Cambias la energía al cambiar tus pensamientos y tus creencias. Y esa energía genera un impacto. Ya no te dices palabras que te limitan o te paralizan, sino palabras que te empoderan.

"yo soy soberano de mi vida"

"yo soy capaz de lograr lo que quiera en mi vida"

"yo soy creador de mi realidad"

"yo lidero mi vida"

Di todas aquellas frases que te den el poder a ti, no a tus creencias o pensamiento del ego reactivo. Aquellas frases o palabras que tengan el poder de hacerte sentir que tú eres dueño de ellas y que las manejas. Ellas están ahora a tu disposición. Ya no eres un robot recibiendo órdenes sin cuestionarlas. Ahora tomas el control y eres tú el que da las órdenes.

Un ejercicio que es muy útil al principio, hasta que logras realmente ver cambios, es escribir carteles o postit pegados por todos lados con frases positivas y empoderantes para verlas, recordarlas, decirlas y repetírtelas constantemente e ir generando el hábito hasta que te lo creas y realmente sea así.

Hasta en tu trabajo debes estar rodeado de ellas. Y si algún compañero de trabajo te pregunta, pues compartes y que no te genere vergüenza, porque te aseguro que cuando tengas los resultados ya nadie te va a decir nada. Se van a admirar de ti y hasta van a comenzar a preguntarte como lo hiciste. Nada que tenga que ver con superarte puede producirte temor o vergüenza. Recuerda que estas desterrando creencias que no son tuyas para generar las de tu agrado, así que lo que opinen o piensen los demás en este punto deben importarte nada. No deben afectarte.

Tus ojos se abrieron grandes al ver la botella que brillaba en el océano. En ese momento nada te limitó a hacer lo que sentías y fuiste por ella.

Dejaste atrás las quejas, críticas y enojos que habías experimentado horas antes de dormirte ya sin energía.

Pero en ese instante estaba ocurriendo todo lo contario, un panorama nuevo se abría ante ti, algo que no esperabas, que te sorprendió, y que cambió toda la experiencia que venías atravesando...

INTEGRACIÓN

Todos los pasos son importantes, no puedes dejar de hacer uno por el otro. Es un camino, el camino del héroe que estas transitando ya decidido a una vida extraordinaria, a ser mejor que ayer y así día a día. A conseguir cambios positivos en todos los aspectos de tu vida.

La integración consiste en que tu ego y tu mente se pongan

de acuerdo y tiren ambas el carro para la misma dirección.

Si dos personas deciden juntarse para acordar algo juntas y comienzan a discutir no están generando nada bueno. No están conectados. Cada uno está en su posición, a la defensiva, con su ego a flor de piel.

Pues lo mismo ocurre generalmente entre tu ego y tu mente. Sucede cuando estas tranquilo y de repente te golpea un pensamiento que te saca de ese estado de paz.

Eso sucede porque el ego crce que lo sabe todo y en realidad no tiene ni idea. Siempre te está desestabilizando. Siempre comienza a generar dudas en tu mente cuando ya tomaste una decisión. Es el que te la cuestiona y te presenta el miedo.

Te ha sucedido alguna vez que te anotas en un curso buscando hacer algo por ti, para mejorarte. Luego llegas a tu casa tranquilo y te viene un pensamiento de duda ¿cómo lo voy pagar? Y ahí descubres que estás interponiendo un programa de carencia que te hace ver que no estás bien en el tema de la abundancia. Sale a la luz y es tu oportunidad para integrarlo y decidir trabajar en ello.

En este caso ego y mente chocan, no hay un acuerdo. Entonces debes buscar la manera para que esto deje de suceder en un futuro.

Te preguntarás: ¿De qué forma lo hago?

Tomas el control y lideras la situación. Tienes ese diálogo interno que es sumamente tu responsabilidad y entras en acción haciendo aquello que realmente tu interior, tu ser desea. Te conectas con tu ser. Tu ser siempre sabe la verdad. Tu ser sabe quién eres y que has venido hacer en este plano terrenal.

Cuando pasas por una situación como esta, donde tu ego y mente no entran en acuerdo, debes atacar el programa y decirle:

"Gracias por esta información.

Aquí y ahora yo.............................(tu nombre)

me ocupo de esta situación"

Le agradeces al programa porque te está mostrando una información que necesitas ver para realizar el cambio. Al mostrarse lo observas conscientemente, lo tratas y lo eliminas.

Esto funciona. Y si lo haces verás el cambio. Sólo necesitas dos cosas de tu parte:

Cuando eres capaz de reeducar al ego logras cambiar de mentalidad, por ejemplo de carencia a una mentalidad de abundancia, prosperidad y éxito.

El éxito está totalmente alineado con lo que viniste a ser. Es tu propósito en esta vida. Es cuando vives en coherencia. Estas en estado de paz y armonía.

REDISEÑAR EL DIÁLOGO INTERNO

Consiste en crear actitudes positivas y creer más en ti. Cuando comienzas a tratarte con cariño, a hablarte con amor, con potencia, con entusiasmo o frases y decretos que te empoderan, estás rediseñando.

Recuerda que hasta aquí has mantenido los pensamientos y creencias limitantes que te acompañan desde tu infancia y toda tu vida.

Por lo tanto, al comenzar a realizar los cambios positivos la vida te va poner retos para ver si eres soberano o no de tu realidad. Si realmente crees en ti. Y tú, como has decidido serlo, te permites lo mejor y te lo repites cada día hasta que se cumple.

Ya viste que la neuro-ciencia nos ha demostrado la plasticidad del cerebro para hacer conexiones neuronales, y que las mismas se generan por repetición.

Entonces comienza a observar: ¿Qué es lo que te estás repitiendo constantemente?

Por ejemplo: si repites muchas veces "no soy capaz", el cerebro crea esa conexión que te lleva a acciones y a un resultado que no te gusta en tu vida.

Y después te preguntas ¿por qué te vida sigue igual? Ya tienes la respuesta. Porque siempre actúas igual, no haces nada diferente.

Haz este ejercicio todas las mañanas.

Obsérvate y pregúntate: ¿Cómo me levanto cada mañana? ¿Cómo me hablo? ¿Qué pienso? ¿Cuál es mi actitud?

Fíjate si te despiertas y comienzas con las quejas. Si te levantas en estado zombie, sin energía. Si tienes mal humor por un tiempo prolongado. Hay muchas maneras de despertarse.

Entonces obsérvate porque es el inicio de una cadena de la forma en que vas generando tu día. Si el inicio está mal y no lo ves e intentas darlo vuelta, ya sabes cómo va a ser el día completo y como va acabar.

Dite:

"DEBO TRANSFORMARME A MI MISMO PORQUE EL RECURSO SOY YO"

Si quieres co-crear una vida merecedora debes trabajarte, con metas, con cambios, con un "para qué" profundo, con grandes sueños que sabes que puedes hacer realidad. Reprogramando, rediseñando esa versión que ya está obsoleta para llevarla, cada vez, a versiones mejoradas. Entonces es cuando encuentras un ego reeducado, un ego gentil, un ego amoroso que está alineado con tu esencia, con tu ser.

Hay dos tipos de conexión que hacemos todos en cada decisión que tomamos:

 **El miedo**

 **El amor**

Las dos son energías creadoras, las dos atraen aquello que estás pensado y sintiendo.

Por lo tanto, si estas en la energía del miedo temiendo que un suceso pase, te aseguro que ya lo creaste y eso es justamente lo que va a suceder. Si estas en la energía del amor, confiando y sintiendo que lo que va a suceder va a ser lo mejor para ti y para el resto de personas involucradas, justamente eso es lo que va a suceder.

Desde aquí también puede detectar tus pensamientos negativos para dar ese primer paso de hacerlos consciente y buscar el cambio. Negarlo y decretar la verdad. Lo que realmente deseas desde tu ser. Hacia donde quiero ir.

Por ejemplo: sientes miedo que tu pareja se puede ir, que puede abandonarte. Que esta distante o diferente contigo. Que tal vez se le está acabando el amor y ya no siente lo mismo por ti.

Comienza un bucle de ideas en tu cabeza…porque cuando empiezas con un pensamiento negativo y luego le sigue otro y otro, va adquiriendo tal fuerza que ya se torna difícil de frenarlo y la conclusión a ello no va a ser nada agradable. La respuesta a cómo termina creo ya la adivinaste ¿no?

Te aseguro que esta situación la experimente muchas veces desde tu inseguridad, desde tu mente.

Primero lo sufrí mucho, a tal punto que sentí que mi mundo entero se derrumbaba. Vivía esa situación y la expandía a todos los planos de mi vida. Sentía que todo era una tortura y me preguntaba ¿Por qué a mí? Estaba en la posición de víctima. Pero yo no lo sabía, porque siempre estaba afuera el problema que iniciaba toda esta cadena de situaciones en que terminaba pensando que había nacido para sufrir y aprender a ser fuerte. Y eso era todo lo que me tocaba experimentar aquí en este plano terrenal.

Hasta que un día mi ser me golpeo y comenzó a despertarme y en vez de quedarme ahí, donde ya no toleraba un instante más, me impulso a moverme, a querer saber más. A despertar de nuevo a esa buscadora que siempre estuvo en mi, pero yo había logrado dormir por un tiempo. Tiempo que ya era suficiente. Tiempo en que se había terminado ese descanso, porque en realidad nunca lo fue. Cuando traté de apagar esa Vero que se movía como niña exploradora, siempre queriendo saber más, siempre buscando respuesta a todo, siempre queriendo conocerse más, es donde encontré el dolor más intenso.

Me di cuenta que estaba actuando desde el programa del apego, que salió a la luz para que lo vea y me ponga a trabajar en él. Sabiendo que venimos solos y nos vamos solos. Dejando de llevar a la otra persona por donde nuestro ego quiere llevarla, dejando de ser esa persona que siempre quiere imponerle algo al otro o cambiarlo, cuando era yo quien debía mirarme y cambiarme. Debía comenzar por el amor propio, algo casi ausente en mi vida entera. Supe que debía hacer todo ese trabajo o me quedaba en el punto donde me encontraba y cada vez iba a ser más doloroso.

Sinceramente ya lo había pasado antes, en mi adolescencia, cuando no quería seguir más con esta vida. Cuando en un momento llegué a planificar mi "hasta nunca" con los lujos de detalles. Cuando incluso llegué a ese momento y mi ser, mi alma, esa vocecita que todos debemos aprender a escuchar, me dijo ¡NO! Y prosiguió: ¡Estás aquí para experimentar todo esto y mucho más, debes hacerte cargo, fuerte, responsable y no cobarde como lo estás siendo ahora!

La culpa entro en el juego y automáticamente vinieron mis padres a mi mente. ¿Cómo podía estar pensando yo en hacerles este inmenso daño? ¿Con que derecho elijo arruinarles la vida? Sentí como en milésimas de segundo pasaron por mi mente miles de preguntas donde sus respuestas eran que no tendría ni siquiera haberlo pensado.

Descubrí que la vida te repite situaciones en distintas edades, con distintas personas, incluso en diferentes ámbitos; en la familia, en las relaciones, en el trabajo y en la salud. Intenta sacudirse desde todos los ángulos buscando despertarte. Y nosotros somos tercos, nos cuesta entender. Para mí fueron muchas, y todas ellas aprendí, pero realmente aquella situación que deja en el pozo más hondo y oscuro, es la que te impulsa al cambio real. Porque realmente sientes que ya no puedes más, que tiene que haber algo, que la vida no puede ser así, tan cruel.

Y llego el momento. Si, ese mágico momento donde todo se vuelve claro. Supe que sólo yo podía lograr salir de esas situaciones tan cíclicas en mi vida. Que no existen los héroes o los príncipes que vienen a rescatarte. Descubres lo más importante y lindo. **El héroe eres tú.** Cuando lo sabes comienzan todos los cambios y la transformación. Aparece la magia, porque no puedes creer en lo que te estás convirtiendo. En realidad no te estás convirtiendo, sino que estas dejando salir a tomar aire a el verdadero tú. Ya dejas de ser ese que los demás han querido que seas y que tú le has respondido por tu programa inconsciente de ser amado, de no ser abandonado, de encajar en la sociedad, de que te vean, etc.

En este punto tú, yo, todos, cada uno con sus experiencias, que seguro son diferentes y en distintos ámbitos, pero no por eso menos importante, elegimos rediseñarnos.

Porque cuando te permites ser, todo en tu vida y a tu alrededor se acomoda. Ya no quedas esperando nada de los demás. Porque entiendes que cuando tu das desde el corazón, sin esperar nada a cambio, sin expectativas en la respuesta del otro, eligiendo, pero sabiendo que somos libres, que no dependes de los pensamientos, deseos, opiniones, ni actitudes del otro; ahí es cuando estás tomando el poder de ti mismo, estás liderándote. Comienzas a amarte, porque estás concentrado en ti, no en el afuera. Te mimas, te escuchas, te cuestionas y obtienes respuestas desde tu interior.

Tus mañanas serán diferentes. Sentirás y te parecerá que todo cambió, pero en realidad el que cambió eres tú y la percepción del todo. Los demás lo notarán, se asombrarán y querrán saber qué y cómo lo hiciste. Te convertirás en el dueño de tu vida y sólo tú puedes elegir el rumbo.

Estoy convencida que vas a ir por ello. Por tus sueños, por ser cada día mejor que ayer y contagiar a los demás con tu luz que ya se encendió y comienza a brillar cada vez más intensamente.

Hay mucho por hacer y el camino es de acción, pero muy bonito, te lo aseguro. Ya nunca más te preguntaras cual es el sentido de la vida, porque ese sentido se lo pones tú.

> *Si piensas que vas a lograrlo ya estás a un paso del éxito.*
> *Fija tus ojos hacia adelante en lo que puedes hacer.*
> *No hacia atrás en lo que no puedes cambiar.*

Te propongo un ejercicio para poner en actividad todo lo que viste hasta aquí y hacer consciente todo aquello en tu mente que te mantiene estancado en el mismo sitio repitiendo situaciones una y otra vez...

Toma una hoja y completa el cuadro. Te vas a sorprender de todas las creencias que sacas a la luz. Lo positivo es que puedes, ya mismo, comenzar a revertir esta situación actual. Hazlo!!!

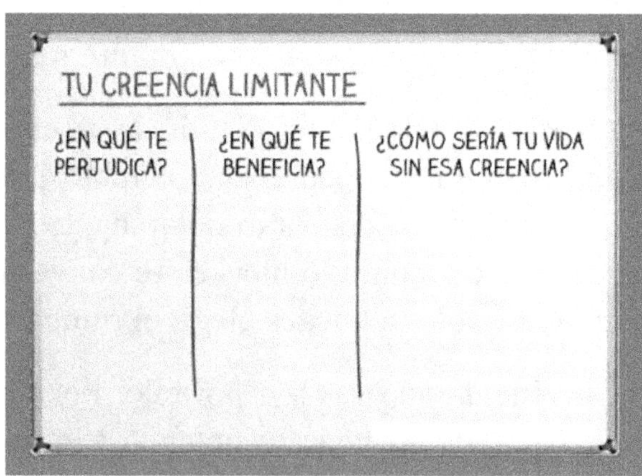

TODO ES ENERGÍA

No hay nada en el mundo que no esté compuesto de energía, es la fuente de toda vida. Está en cada átomo y funciona como un campo de inteligencia.

Esa es la razón por la que voy hablar de energía en este libro, tomando la palabra como la idea de capacidad para obrar, surgir, transformar o poner en movimiento.

¿Por qué puede interesarte esto a ti? Justamente porque todo lo que venimos hablando hasta el momento proviene del pensamiento, que dijimos es creador, ya que él mismo es energía. Además porque estamos en el proceso de lograr cambios positivos sobre ello, justamente para tomar las decisiones adecuadas.

La mente es el órgano creativo que se activa a través del pensamiento. Una mente piensa todo el tiempo, aun cuando estamos dormidos, entra en el subconsciente y seguimos creando ideas. Así como el estómago digiere o los riñones filtran, la mente piensa. Lo bueno de todo esto es que puedes encausar tus pensamientos a voluntad o lo harás conscientemente con lo que ya conoces.

Es por eso que es aconsejable, antes de ir a dormir, leer libros que aporten algo positivo y de aprendizaje en tu vida. Y no dormirte mirando películas agresivas o noticieros que se basan en información que provocan más inseguridades que otra cosa.

El pensamiento es la parte energética más sutil que tiene

el ser humano. La palabra es más sutil que los actos que realizamos y el pensamiento es todavía más sutil que la palabra. Se asemeja a los tres estados reconocidos de la materia: sólido, líquido, gaseoso. Uno es más sutil que el otro.

En la explicación anterior se puede graficar, de la energía más sutil a la menos sutil, de la siguiente manera:

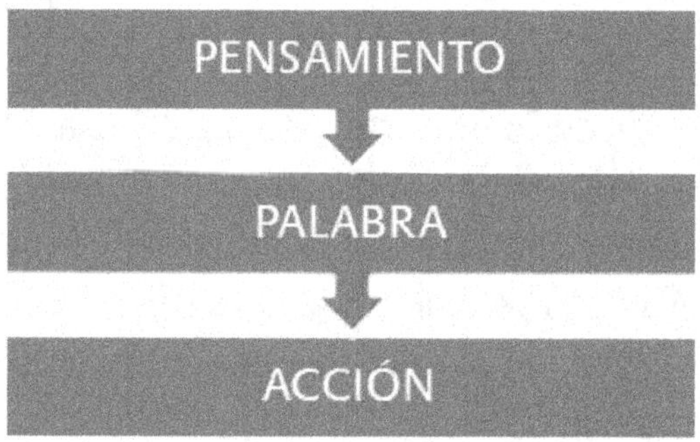

Todo pasa primero por el pensamiento antes de ser creado. Por lo tanto, donde pones el pensamiento, tú atención, estás creando.

Tus pensamientos generan una energía y puedes darte cuenta muy fácilmente de ello. Como, por ejemplo, cuando sientes que estás enamorado, feliz, lleno de vitalidad. Todo parece hermoso y atraes situaciones lindas a tu vida. Pero apenas te enojas esos pensamientos cambian, al igual que tus emociones y terminas atrayendo lo peor, justo lo que no quieres.

Lo maravilloso de todo esto es que ahora sabes el poder del pensamiento y su capacidad para crear. Entonces puedes usarlo para tu beneficio. La idea es que cada uno de nosotros va creando su realidad con los pensamientos recurrentes que tiene.

Si miras a tu alrededor, la humanidad ha creado cosas maravillosas que hoy disponemos para hacer más simple y placentera la vida de todos, y hoy es realidad gracias a que primero fue un pensamiento. Un pensamiento que se llevó muchísimas veces a la acción hasta que se pudo concretar. Desde las aeronaves, los barcos, la televisión, hasta los ordenadores, los teléfonos móviles y miles de herramientas que hoy te parecen comunes, en su momento fueron imaginadas, pensadas para llegar a ser lo que son hoy en día.

Cuando entiendes que el poder de nuestra mente es infinito, que todo lo creado es a través del pensamiento, comienzas a hacerte cargo de tu propia existencia, a darte cuenta que eres lo que piensas.

Te quiero contar un poco más de mi historia para que comprendas porque estoy tan segura.

Después de ese episodio que ya te conté anteriormente donde había decidido no seguir más con mi vida, pero mi voz interna me frenó, me mostró lo que yo en mi estado adormecido no quería ver, llegó a mis manos un libro. Siempre comento que ese libro me cambio la vida, y en realidad no fue el libro, sino que fui yo misma al incorporar el contenido del mismo. El libro fue una herramienta, en ese momento fue fundamental para mí. Me hizo el clic que necesitaba, esa vuelta de rosca que faltaba para que comenzara a comprender todo.

Es el libro *"El poder está dentro de ti"* de la excelente autora Louise Hay.

Recuerdo que estaba en la casa de una compañera de estudio. En su casa había una gran biblioteca y yo me quedé admirándola. Viendo los libros que contenía. Yo siempre estaba leyendo algo, sentía que me enriquecía y hasta por ello muchas veces me sentía diferente de los chicos de mi edad. Mi amiga me dijo que elija un libro, que me lo prestaba, y apenas leí el título mi mano lo tomó y lo lleve conmigo a casa para devorármelo.

Quedé fascinada, era lo que estaba buscando durante mucho tiempo, y había llegado el momento. Lo había atraído con mi mente esperando las respuestas a muchas de mis preguntas existenciales.

Pero ahí no queda todo. Me entusiasmó tanto y comencé a lograr cambios en mi que lo primero que quise hacer es compartirlo con mi entorno. En aquella época no era tan común hablar estos temas. Es más sonaba, para el resto de las personas, como algo poco inteligente.

Por ese motivo, de repente, mi entusiasmo cayó al piso. Se me reían en la cara, me trataban de loca. Me decían que me concentre en el estudio, en la carrera que estaba cursando y que poco me atraía. Me sentía totalmente frustrada. Porque mi intención era contagiar a otros, encontrar dentro de mi entorno alguien con quien hablar del tema y poder influenciarnos en forma positiva entre nosotros, generar un entorno de crecimiento.

Como todo ello no sucedió, seguí leyendo, investigando. Más tarde haciendo cursos de crecimiento personal, que me los guardaba para mí. Sólo lo comentaba cuando veían mi cambio, una trasformación en mí y como por un pasar les decía lo que estaba haciendo y ahí quedaba.

Hoy las personas que me conocen de toda mi vida o de gran parte de ella ven mis cambios. Observan que cada vez estoy mejor, que consigo lo que quiero y voy progresando día a día. Y aquellos que me conocen ahora por suerte se encuentran con esta versión mejorada de Vero, que los puede ayudar a ver y hacer lo que yo hice, hago y seguiré haciendo. Hay mucho por aprender y estoy abierta a ello.

Con todo esto que te cuento deseo que entiendas que tú tienes la misma capacidad que todos los seres humanos de aprender y lograr los cambios que necesites para ir en busca de tus anhelos, de tus sueños más preciados.

He visto y presenciado muchas situaciones de cambio, que hasta parecen magia, en personas que están en este camino de conocerse internamente y darse la oportunidad de ser lo que vinieron a ser.

¡SÉ QUE TÚ ERES UNO DE ELLOS!

Puedes cambiar tu personalidad, tus circunstancias en cualquiera o en todos los ámbitos de tu vida, e incluso tu entorno. Acontecimientos que crees que aparentemente no depende de ti, son modificados con la única ayuda de tus propios pensamientos.

Si concentras las fuerzas de tus pensamientos en un objetivo determinado, te aseguro que lo alcanzarás. Pero debes comenzar a generarlo. De la nada no sale nada, esa es una ley de la naturaleza. Si no haces nada no puedes esperar algo a cambio. Todo en esta vida está en movimiento, así que si quieres generar algo debes ponerte en ese estado. Y debes también saber que todo tiene su ritmo, que no sucederá de la noche a la mañana, o tal vez si, si en realidad te haces consciente pero es algo que vienes deseando con todo tú ser desde hace un tiempo y confías que así va a ser.

Cada acción, por pequeña que sea, da lugar a una reacción correspondiente. En el universo la energía no se pierde, sólo se transforma. La nada no existe, todo es energía. No hay espacio vacío, solo que nuestros sentidos no pueden llegar a detectarlo.

Estamos rodeados por un campo de energía, de información que nos une a todos. Por eso cada pensamiento, al transformarlo en acción va a producir una cadena de acontecimientos que nos afectará tanto a nosotros como a nuestro entorno.

No es la vida la que coloca en tu camino problemas y dificultades, sino tu ignorancia, el modo inconsciente en el que estas acostumbrado a vivir. Tú creas tu propia realidad. Debes hacerte responsable de ello y si algo no va como deseas, sólo tú puedes cambiar el rumbo.

La ciencia ha demostrado que el ser humano sólo utiliza un porcentaje mínimo de su capacidad total, para ser más exactos, aproximadamente un 10 %; teniendo en realidad capacidades infinitas.

Por un instante te diste cuenta como todo cambió a partir de ese mensaje recibido. Era un momento de total rendición, justo cuando te habías abandonado a la deriva, sin rumbo. Ya no te importaba sobrevivir y mucho menos donde terminaría tu barco, tu última posesión. Tu energía para pensar y actuar eran casi nulas.

Y de repente ese bendito mensaje cambio todo en ti, la energía se disparó a estados descomunales, el barco pasó a ser tu posesión más importante, ya que te iba a llevar hacia tu destino. Tu mente comenzó a desplegar ente ti miles de ideas y te dedicaste a soñar despierto.

Un pequeño rollo de papel, te había convertido en una milésima de segundo en hombre antes y otro después. Descubriste como, desde tu interior, podías generar tanta energía para desplegar tremendo plan y ponerte en movimiento para llegar hasta tu sueño.

EXISTE UN CAMPO ELECTROMAGNÉTICO

El Universo está rodeado de ondas electromagnéticas que permiten una comunicación cerebral. Todos los seres vivos están rodeados por un gran campo de energía. A través de este campo percibimos más allá de nuestros cinco sentidos.

Cuando utilizas expresiones como; "tengo el presentimiento", "me lo dice la intuición", o "es un sexto sentido", es porque estas percibiendo la información a través del campo, que aunque no lo veas, lo puedes sentir.

Te voy a contar algo de lo que estuve investigando en un momento y me sirvió mucho, así que lo quiero compartir contigo: las bases científicas para entenderlo.

Cada célula de nuestro organismo tiene una carga eléctrica de 70 y 90 milivoltios, en estado de salud, y toda esa carga eléctrica en movimiento genera campos magnéticos.

Esto es aplicable desde la más pequeña célula hasta cada uno de nuestros órganos, músculos, tejido, nervios, etc. Por lo que la suma de todo ello genera en nuestro cuerpo un gran campo magnético que se extiende a nuestro alrededor y que aunque no lo veamos está cumpliendo funciones vitales para nuestro organismo y generando importantes influencias en nuestras vidas.

Los primeros estudios sobre el tema, lo llevo a cabo la Dra Valerie Hunt en la década de los 60. Comenzó a medir el campo electromagnético de las personas realizando hallazgos sobre el fenómeno del que se ha hablado durante siglos, pero que hasta ese momento nunca había sido medido: el aura.

Este campo de energía emite patrones de ondas que llevan información e interactúan con la energía de las cosas y personas a nuestro alrededor.

Se puede conocer mucho sobre una persona en base a su información bioenergética.

- Las personas que emiten vibraciones bajas suelen dedicar la mayor parte del tiempo a actividades físicas.

- Las personas que emiten vibraciones intermedias denotan gran actividad intelectual.

Las personas que emiten vibraciones más altas denotan más actividad espiritual y de conexión interior.

Sin embargo lo ideal es tener toda la gama de frecuencias en su campo electromagnético y así poder utilizar aquella que necesiten para adaptarse al entorno.

 Esto es lo que se denomina salud. Cuando el campo vibracional es coherente y armónico.

El problema surge cuando el campo se queda estancado en una escala vibracional en particular. Se vuelve rígido, no se adapta y aparecen alteraciones que pueden afectar otros niveles.

El campo electromagnético abarca a todo el ser humano:

la salud, las emociones, el aprendizaje, la creatividad, todo lo que la persona es, toda su información. También es a través de este campo que recibimos primero toda la información del exterior antes de que llegue a nuestros sentidos.

Por lo tanto, cuando hay perturbaciones en el campo, tarde o temprano se manifiestan en el cuerpo humano a distintos niveles: físico, emocional, mental.

Nuestro campo se puede ver afectado de dos formas:

Alteraciones internas: nuestros pensamientos y emociones hacen que nuestro campo cambie. Un estado mental y emocional alterado (miedo, ira, tristeza) se refleja y produce una alteración eléctrica en el cerebro, específicamente en nuestros neurotransmisores, y el campo se desestabiliza. Si es pasajero todo vuelve pronto a la normalidad. El problema viene si ese estado mental alterado se vuelve crónico.

Alteraciones externas: el campo no es estático porque está constantemente absorbiendo y exteriorizando energías en un proceso de intercambio con otros seres vivos, así como también con el entorno. Dado que nuestro campo de energía es abierto, flexible y poroso, si no tenemos conocimiento y control de nuestras energías, estamos expuestos a las energías de otras personas y los ambientes que nos rodean.

Por tal motivo es más que importante mantener tus energías y vibraciones altas. Ya sabes que los pensamientos que tienes a cada instante están afectando a tus emociones y ellas, en conjunto, a tu campo energético.

Si mantienes pensamientos positivos, si crees en ti, si estás alegre constantemente, si comes sano, si haces deportes o alguna actividad recreativa, todo ello son algunas de las herramientas que te ayudarán a mantener la frecuencia alta y de este modo estar blindado antes las frecuencias bajas de las personas de tu entorno.

Siempre las vibraciones altas dominan a las vibraciones inferiores.

Eres mente, cuerpo, emociones y también campo electromagnético. Un sistema complejo cuyo equilibrio no se puede entender sin evaluar cada una de las dimensiones involucradas.

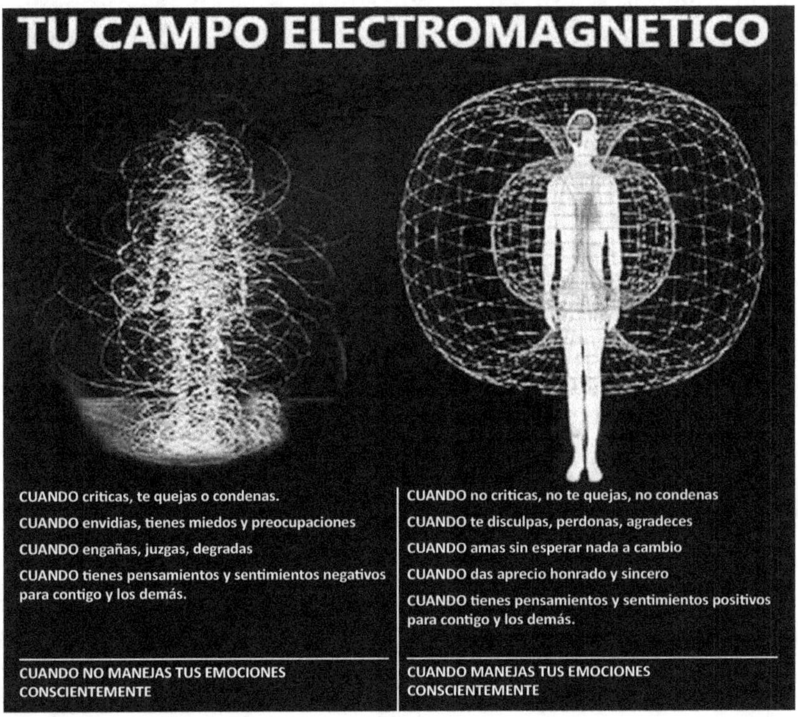

Ahora ya con el conocimiento adquirido, sólo debes aprender a ser consciente y entrenar esa capacidad que tienes para decidir lo que piensas, sientes, haces y vibras para poder encontrar el equilibrio en todos los niveles y comenzar a vivir plenamente.

Estas son situaciones que nos pasan a todos: fíjate cómo te sientes durante y después de estar con amigos riéndote de cuentos y anécdotas. O después de haber realizado un deporte. O cuando cantas, bailas y lo haces todo con alegría.

Tienes que encontrar la manera de traer a tu mente esas situaciones, recordarlas y revivirlas cuando te encuentres un poco apagado o empezar a experimentarlas en ese momento actual. Puedes escuchar canciones que te levantes el ánimo y que proyecten energía. Puedes comenzar a leer frases superadoras, más si estás en algún sitio donde tienes pegados los posit (si es que hiciste el ejercicio ayudita que te comente anteriormente). También meditar, sentir tu respiración y centrarte en el estado presente es otra opción que a muchas personas les funciona cuando notan una alteración en su estado físico o emocional.

Pero hay otro órgano en nuestro cuerpo capaz de generar un campo magnético superior al del cerebro...

LA POTENCIA DE TU CORAZÓN

El corazón genera un campo electromagnético mucho más poderoso que el cerebro. Irradia un campo que no sólo influye en todos los demás órganos, sino también en el entorno.

El corazón está constantemente emitiendo ondas: sonido, calor, presión, señales electromagnéticas, luz y cada célula de nuestro cuerpo recibe en un determinado momento esta influencia vital. La frecuencia de su pulso es fundamental, su ritmo afecta a todas las células.

Si consideramos a este campo como una onda portadora de información, entonces las emociones juegan un papel fundamental. Si sientes enojo o frustración cambia la información en el campo proyectando estas vibraciones, pero si sentimos alegría y afecto esta información modula los patrones de información y el funcionamiento del organismo entero.

Hay extensa evidencia de que la información que el corazón envía continuamente al cerebro no sólo juega un papel de homeostasis, sino que además influye en las funciones cerebrales más especializadas como la atención, la percepción, el aprendizaje y el procesamiento de las emociones. En esencia, los mensajes que el corazón envía al cerebro afectan el cómo percibimos y respondemos al mundo que nos rodea y además afectan cómo nos sentimos.

Mientras todos los órganos se comunican con el cerebro, el corazón posee un vínculo especialmente más fuerte con este. Hay más vías nerviosas llevando información del corazón al cerebro que a la inversa.

Otro hecho importante, lejos de ser sólo un bombeador, el corazón es en realidad un sofisticado centro de codificación y procesamiento de información. El sistema nervioso dentro del mismo contiene más de 40.000 neuronas y es altamente complejo. Este campo electromagnético que nos rodea puede llegar a ser medido a varios metros de distancia del cuerpo.

La información del campo cambia a medida que experimentamos diferentes emociones.

Cuando sonríes, muestras afecto y emociones positivas, el ritmo del corazón se hace más regular, coherente y su campo se vuelve más organizado y expansivo. Este campo afecta y modifica el campo de otros por el mismo camino que las emociones de otros te afectan a ti.

Los animales y las plantas también son sensibles y responden a la información de estas señales electromagnéticas.

Mientras más personas en un ambiente determinado activan una sonrisa de corazón, con sentimientos de aprecio, gratitud, amor o interés, el efecto se hace aún más poderoso, el campo de energía se vuelve más intenso y brillante. La conciencia y las dimensiones del espacio-tiempo se expanden. Literalmente estamos afectando nuestro entorno cuando sonreímos.

¿Vas a sonreír más después de conocer todo esto?

Yo estoy seguro que sí, porque lo comprendiste. Y ahora todo toma mayor sentido. Vas a estar más consciente de lo que piensas, sientes y haces. Vas a tomar decisiones desde otra perspectiva con toda esta información.

Eso es lo que hice yo y ahora lo comparto contigo, luego

tú lo compartes con otros, y así vamos generando una cadena de contagio de actitudes positivas. Logrando primero cambios propios, luego llegas a tu entorno más cercano y por último te darás cuenta que estas aportando mucho al mundo entero.

Sé que piensas que tal vez cuesta más contagiar actitudes positivas que negativas, porque en general esta sociedad actual tiende a quejarse, a buscar aquello que no les permite avanzar, a ver los problemas que llegan desde afuera, en vez de ver las oportunidades constantes y la cantidad de información que tenemos al alcance para realizar todos los cambios necesarios hasta volverte dueño y amo de tu vida. Hasta liderar tu vida y no que la lidere otro u otros con sus pensamientos, creencias, hábitos, posturas con las que intentan someterte. Ya no más. Llegó tú momento y tú lo eliges ahora. Hoy comienzas un nuevo camino que con el tiempo va a llamar la atención de aquellos que antes te señalaban o ni siquiera te veían.

Ante todo esto no actuarás desde el resentimiento. No, porque seguirías en el mismo punto donde empezaste. Estarías auto-engañándote y de eso ya hubo suficiente. Actuarás dando, siempre dando. Porque todo lo que das y ofreces desde el amor, desde tu corazón, vuelve multiplicado por tres. Pero no te digo esto para que te mueves impulsado en lo que regresará, sino porque es una ley de la vida. Siempre ocurre cuando lo haces y sale desde tu ser. Cuando no te obligas sino que lo sientes y sólo experimentas alegría, felicidad y amor.

El pensamiento positivo es muy poderoso. Es la imagen de la posibilidad cuántica, donde las posibilidades son infinitas. En ese estado todas existen pero no están manifestadas. La mente escoge una mediante el pensamiento y es la que ves manifestada en este plano físico. Esta elección no es precisamente consciente, se hace a niveles inconscientes, pero si tomas el control, observando conscientemente, puedes influir, negando la realidad que tienes y eligiendo la posibilidad que desees.

Puedes identificar esa posibilidad, esa imagen o esa realidad y aislarla. Pero para poder darle vida hace falta el sentimiento. Para que esa posibilidad cuántica se haga realidad en tu vida, debes agregarle el sentimiento.

Antes te explicaba sobre el poder del amor y del miedo…ambos tienen el mismo poder, pero uno generará efectos adversos y traerás aquello que no deseas y el otro atraerá aquello que deseas y mejor aún. Querer o detestar algo, es lo mismo, porque lo atraerás de cualquier forma.

Si tienes miedo, eso que más temes acabará pasando porque lo estás atrayendo. Si sientes enojo o frustración, estarás todo el día peleando o entablando relaciones conflictivas con los demás, aunque conscientemente deseemos lo contario.

Ahora, ¿entiendes porque es tan importante generar desde el amor, desde el corazón?

Para ello es fundamental que tengas fe, confianza en ti mismo.

RECUERDA: ERES UN HÉROE QUE TODO LO CONSIGUES. LIDERAS TU VIDA. ERES TU PROPIO GENIO.

Lo primero que sentiste al sostener la botella en tus manos fue alegría, emoción de haber atraído esa situación a tu vida, en ese momento, y en esas circunstancias extremas.

Al retirar de su interior el mensaje tus manos temblaban porque sabías, desde tu corazón, que algo estaba a punto de cambiar para ¡siempre!

Pero lo más excitante y fabuloso fue el momento en el que se conjugaban tus pensamientos al leer y tus saltos en el corazón al sentirte más seguro que nunca. Ahora tenías una oportunidad de vivir. Si, de vivir como siempre soñaste. Que existe un lugar que te espera y que con toda la fe del mundo, aunque no lo veas, sabes que está ahí, camino a donde tomas una nueva dirección, con entusiasmo, con energía, *con fuerza, y la seguridad que tu ser completo te hizo sentir, en ese instante, en que mente y corazón se unieron en la misma decisión, en la misma sensación, en la misma dirección...*

Sin el componente del sentimiento, de la emoción, solo quedará paralizado en afirmaciones positivas, esperando aquello que no va a terminar de suceder, excepto que le imprimas lo que experimentas, lo que sientes cuando te imaginas y visualizas ese deseo realizado. Sin el sentimiento solo serán ideas vacías.

El poder de lo que crees es fundamental. Es una cuestión de claridad y de cortar con las dudas y los planteos constantes que tu mente está acostumbrada.

Debes escuchar al corazón. Ya sabes que es un campo electromagnético más potente que el cerebro y que el resto del cuerpo físico. Por lo tanto allí se encuentra el mayor poder de atracción.

Debes eliminar la tendencia de interiorizar lo que no quieres para comenzar a interiorizar lo que si quieres. Hay que apagar ese ruido, esa interferencia y focalizarte en aquello que verdaderamente deseas para tu vida. Enfocarte en lo que quieres manifestar es un punto clave.

Todo esto que estoy compartiendo contigo surge de haberlo estudiado, hacer cursos, leer mucho y sobre todo aplicarlo, llevarlo a la acción. No sirve de nada si sólo lo lees y luego lo guardas en un cajón o en una biblioteca. La idea de este libro es ayudarte a ser la persona que viniste a ser, la que deseaste siempre y que todavía estás a tiempo. Pero debes dejar de esperar a mañana, o más adelante para tomar acción. Hoy es el momento. Si hoy no aplicas, mañana y el día siguiente y el mes o meses siguientes tu situación actual va a seguir igual o peor.

Y esto no va de asustarte o de presionarte. Si estás acá leyendo es porque buscas un cambio en tu vida. Entonces sólo queda hacerte cargo de tu vida y comenzar a accionar para obtener los resultados que deseas.

Sabes que no es fácil, porque estarás trabajando en ti. Pero te aseguro que vas a ver resultados mejores de los que soñabas.

Todo tiene su tiempo de generación y debes ser paciente, porque también tiene un ritmo al que debes acoplarte. Cuando te des cuenta miraras atrás y verás el camino recorrido y todo lo que conseguiste.

En cambio, si solo lees para informarte y no aplicas, tendrás más conocimientos y más ideas, pero estarás en la misma vida con los mismos resultados de siempre o peor, y no creo que tú estés buscando eso.

Déjame contarte que cuando yo empecé todo este camino de búsqueda, quise compartir y aplicar lo que estaba aprendiendo y se burlaban de mí. En ese momento ese poder que le otorgué a los demás pudo conmigo. La vida me tenía que seguir golpeando para que me diera cuenta que haber permitido eso fue una decisión equivocada. Así que siguió mostrándome en complicaciones con mi familia, en mis relaciones de pareja y amistades y hasta con mi propia hija, que todo iba a seguir de la misma manera, la cual ya era intolerante para mí, e incluso peor.

En un punto de mi historia de vida, no pude más conmigo misma. Ni siquiera puedo definirme, porque me sentía una zombie, sin energía, sin ninguna meta ni propósito, sólo respirando y dejando que la vida y los demás me lleven por donde quisieran llevarme. Estaba dormida, en estado depresivo, viviendo sin sentido. En ese momento la vida me pone una prueba muy fuerte, sobre la cual no pude desviar la atención y mirar hacia otro lado. Me quedo sola con mi hija de 3 años, con un emprendimiento que iba en decadencia y con miles de cuestionamientos internos sobre cómo iba a salir de esa situación para poder brindarle a ella y a mí lo básico para vivir.

Tenía mi casa y mi coche, ambos sin cuidados necesarios por falta de dinero, incluso tenía deudas acumuladas con el gobierno, ya que pagaba los impuestos más importantes como la luz, gas, agua, indispensables para vivir y dejaba sin poder abonar los correspondientes al inmueble. Todo esto sucedió en un momento en que los que aportábamos con el trabajo éramos dos personas. Así imagínate el miedo tan potente que me invadió al decidir seguir sola con mi hija.

Tomo la decisión, que venía postergando, y me hago

cargo de todos mis miedos, al mismo tiempo me hago responsable. Recuerdo muy firmemente que esa noche me fui a dormir sabiendo que al día siguiente no tenía permitido quedarme a llorar o quejarme y victimizarme. A la mañana siguiente iba a salir a la calle con mi mejor cara, siendo la persona que estaba escondida dentro, atrás de sus miedos.

A partir de ese día no me detuve nunca más a mirar para atrás con la intención de quejarme y mantenerme en el sufrimiento. Por el contario a medida que iba avanzando me sentía más y más fuerte, más segura y más feliz de haber tomado acción para dejar esa situación tan difícil en el pasado. Me sentí héroe de mi vida, y orgullosa que mi hija pueda ver esa particularidad en mí.

Hoy estoy aún más lejos de toda esa situación y pude aprender mucho de ella. Doy gracias por ver, ser consciente y actuar. Sino mi vida actual sería totalmente diferente, estaría peor que en aquel momento o tal vez ya no podría estar contándotelo.

Al compartir parte de mi historia real contigo, estoy intentando que te des cuenta que tú puedes cambiar aquella o aquellas partes de tu vida actual que te disgustan. Cualquier persona que tome la decisión de hacerlo lo puede hacer. No se necesita ninguna varita mágica, ni creer que es por suerte o por ser elegido. Nunca funciona así. Yo lo logré y sigo logrando muchos cambios positivos en mi vida porque trabajo en ello, porque tome la decisión de ser el líder de mi vida, mi héroe. Y siempre voy alimentar eso.

Tú harás lo mismo contigo. Desde este momento decide, pero decide bien, decide por ti. Muévete en busca de todo en lo que te quieres convertir.

"SI DESEAS ALGO QUE NUNCA HAS TENIDO DEBERÍAS HACER ALGO QUE NUNCA HAS HECHO."

Ejercicio

Cuidar tu campo energético es muy importante. Aquí va un ejercicio para movilizar la energía de tu cuerpo emocional cuando te sientas muy cansado, cargado o saturado.

Coloca tus manos a la altura de tu frente y como a unos diez centímetros de distancia del cuerpo. Vas bajando lentamente tus manos hasta llegar a los pies. Luego regresas de la misma forma pero subiendo de los pies a la frente. Repítelo unas tres o cuatro veces. Es sencillo, pero si lo realizas con conciencia movilizaras tu campo energético y te sentirás más liviano y más relajado.

VIBRANDO

Seguro estás habituado a escuchar esta palabra, porque ya forma parte de nuestro vocabulario habitual: tal persona me da buena vibra, este lugar me vibra mal, etc.

Pero, **¿qué es la vibración?** Es la frecuencia que emitimos desde nuestro ser interior hacia el exterior.

Para que no te suene a "magia" te voy a llevar un poco por explicaciones más exactas.

La Física es la ciencia que estudia la materia, su comportamiento y las relaciones que existen entre ésta, la energía, el espacio y el tiempo.

Materia: es todo aquello que tiene peso y ocupa un lugar en el espacio. La misma está formada por pequeñas partículas llamada átomos, los cuáles a su vez están compuestos por partículas aún más pequeñas, los electrones, protones y neutrones.

Energía: es la capacidad de realizar un trabajo o acción, producir movimiento, cambio o transformación.

Todo el Universo está compuesto de materia y energía. La materia está compuesta por átomos y moléculas; y la energía hace que esos átomos y moléculas estén en constante movimiento, girando alrededor de ellas mismas, vibrando y creando vida.

Cuando la física estudia la materia y las interacciones de sus componentes, descubre que las partículas más pequeñas parecen desvanecerse conformando entidades ondulatorias o vibraciones. Así que, la materia esté esencialmente vacía, no es que los átomos y las moléculas no existan, sino que al ver más al detalle lo que se encuentra es un intenso palpitar de partículas que se crean y se destruyen continuamente, así que el vacío está realmente lleno e impregnado de campos de energía. O sea que lo que las hace vibrar es la energía.

Vibración: es la propagación de ondas de energía y se puede considerar como una oscilación o movimiento repetitivo.

Frecuencia: es la cantidad de veces que oscila (sube y baja) una onda de energía durante un segundo y se mide en hercios o hertz (Hz). Para entenderlo mejor, es la música en la que se mueven los átomos de la materia.

Resonancia: es el fenómeno que se produce al coincidir una frecuencia interna con una frecuencia externa.

En conclusión, cuando hablamos de energía, ahora sabes que hablamos de todo, ya que es quien controla la materia, y la materia no es más que movimientos vibratorios. Todo en el Universo tiene vibración, nada está en reposo, todo se mueve y circula en distintas frecuencias que se comunican entre sí.

Tú vibras, pues estás formado de átomos y moléculas que responden a la energía. Y no vibras solo a nivel físico, sino energético, emocional, mental y desde el ser (espiritual).

Como todo es energía, tú y yo también los somos. Por tu cuerpo circula la energía al igual que la sangre por tus venas. Esta energía se mueve mediante ondas, formadas por partículas como los electrones, y esas partículas se comportan como ondas. Una onda es una frecuencia que compone lo que se llama vibración. La cual sube y baja. Cuando mayor es la frecuencia, más rápido vibra la onda y cuando menor es la frecuencia, más lenta es la vibración.

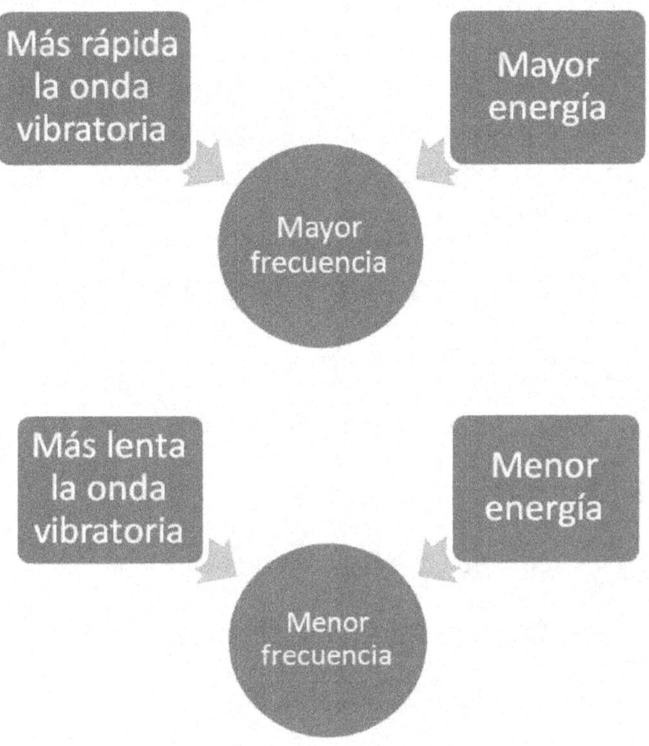

De esta manera, cada uno de nosotros tiene su propia frecuencia. Cuanto más positivas son tus pensamientos y emociones, así como tu forma de actuar, más positividad atraes a tu realidad, elevando la frecuencia de tus ondas vibracionales y, por ende, aumentando tu campo energético.

"LA ENERGÍA NO PUEDE CREARSE NI DESTRUIRSE, SOLO SE PUEDE CAMBIAR DE UNA FORMA A OTRA"

Aquello en lo que fijas te atención y tus pensamientos, aquello en lo que te enfocas, determina tu nivel de energía. Si te enfocas en aspectos limitantes de tu vida, más lentas serán las ondas vibracionales y por lo tanto tu campo energético será más bajo; eso provocará que tengas bajas energías.

¿Qué sucede si tu energía, tu vibración está baja?

- Te cuesta dormir

- Te sientes agotada constantemente

- Sufres dolores físicos

- Estas sensible y lloras por nada

- Te sientes pequeña al lado de otros

- No tienes ganas de hacer nada

- No te surgen ideas

- Estas como anestesiado

- Te mueves por inercia

La vibración no es algo estático. Al contario es cambiante, oscila de un lado al otro como un péndulo. Lo que tienes que lograr es buscar un equilibrio con mayor tendencia a la alta vibración, sin llegar al extremo, porque si lo haces volverás al otro polo, y, por lo tanto, la vibración baja.

¿Algunas vez has notado que si estas muy contento, al extremo y reaccionas poniendo toda tu energía en ello al rato sientes lo contario, como que te inflaron y luego en un punto te desinflaron? Eso es porque te moviste al extremo del péndulo y terminaste dando un giro de 180° para aparecer en el otro extremo, entonces empiezas a experimentar lo contario. Lo mismo sucede si estas en el fondo de la tristeza, lloraste demasiado, y de pronto comienzas a reírte como loco.

Estos estados son de vibración y frecuencia muy extrema que terminan en el polo opuesto. Por ese motivo es importante mantener un cierto equilibrio y desbalancear un poco más, pero hacia la frecuencia que nos mantenga con energía, con entusiasmo y alegría.

Lo bueno de ello es que con nuestra intención podemos modificarla a voluntad. Es tu responsabilidad y deberás tomar acción para que cuando te sientas con la vibración baja puedas realizar los cambios necesarios.

En cada momento tendrás tu energía vibrando a una frecuencia distinta. Como todo lo explicado hasta acá, debes hacerte consciente, observarte constantemente para darte cuenta como vibras y accionar de acuerdo a ello.

Para que te des una idea, es como cuando eliges y sintonizas una frecuencia en la radio con la que quieres conectar. De la misma forma puedes elegir las emociones con las que deseas sintonizar a diario.

Lo más importante es que seas honesto contigo mismo e identifique que cosas, situaciones, lugares o personas te restan energía y tomes las decisiones adecuadas para que lo vayas minimizando y controlando hasta que ya no te ocurra más.

Lo que debes buscar, probar y encontrar son aquellas herramientas que mejor vayan contigo, justamente aquellas que vibren igual a ti. Que te apasionen llevarlas a cabo. Puesto que cada uno tiene sus preferencias y gustos. Nada puede ser impuesto.

 **Algunas acciones que pueden subir tu vibración son:**

- Meditar todos los días

- Hacer ejercicio (el que a ti te atrae)

- Visualizar

- Caminar conectado con la naturaleza

- Comer alimentos sanos que a ti te sienten bien

- Pintar, cantar, bailar, cualquier actividad recreativa que te conecte con tu interior

- Escribir un diario personal

- Abrazar a las personas que amas

- Rodearte de amigos que estén en la misma sintonía.

- Mantener un jardín o una huerta

En realidad hay muchísimas acciones que puedes encontrar, presta atención a cuales son aquellas que cuando las realizas te hacen sentir muy bien, en armonía y en paz contigo mismo.

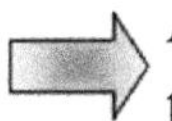 **Ahora vamos a ver cuáles son las que dependen de tus pensamientos y emociones:**

- Eliminar la queja de tu día a día

- Practicar el agradecimiento hacia todos y a todo

- Alegrarte y festejar tus logros y los de los demás

- No juzgar, ni juzgarte

- Dedicarte frases y palabras bonitas

- Mantener una actitud positiva

- Tener sentido del humor

- Decirte a espejo que te amas

- Decretar en positivo

- Desenchufarte de las malas noticias

En conclusión, subir la vibración depende única y exclusivamente de ti. Debes realizar aquellas acciones o actividades que te apasionen a ti, no a tu amigo/a, a tu pareja o a cualquier otra persona con la que quieras compartir. La pasión te proporcionará bienestar y en ese momento tendrás la sensación de que estás conectado. Si tu pasión se convierte en tu trabajo mejor todavía, pero si no es así dedícate un tiempo para hacer aquello que te gusta.

También puedes viajar o trasladarte a lugares que te produzcan armonía. La naturaleza es buen lugar porque vibra en armonía y hace resonar en ti el mismo estado.

"VIBRAR ALTO TIENE MUCHO QUE VER CON SENTIRTE CONECTADO"

Siempre estamos conectados, todos poseemos un interruptor de conexión en nuestro interior. A veces lo apretamos y todo funciona de maravilla, pero la mayor parte del tiempo nos olvidamos que está ahí, a nuestro alcance, como el interruptor de tu habitación para encender la luz.

Debe existir una **coherencia** interna entre tus pensamientos, palabras, emociones y acciones hacia una misma dirección. Si sientes una cosa y haces otra distinta estás creando una desconexión total con tu interior, con tu fuente de energía. Es como estar generando constantemente cortocircuitos.

A veces esto resulta difícil porque muchas veces nos traicionamos en ciertas acciones o palabras que salen de nuestra boca, sólo por agradar a otros, por pena, culpa u otro tipo de emoción que no te permite expresarte tal cual eres. Con esto no quiero decir que no ayudes a los demás, puedes hacerlo siempre y cuando no te traiciones a ti mismo y respetes el libre albedrío del otro a elegir y decidir. Y mientras no te genere un gasto energético.

El ayudar a otros debe generarte mayor energía, y eso sucede cuando hay un pedido implícito del otro lado, sin resolverle el problema, pero si aportando nuestra ayuda para que lo pueda resolver. Al Universo no le interesa que te fuerces haciendo algo que no es coherente contigo, él siempre busca el equilibrio. Así que en este tema debes también estar atento y ser consciente desde dónde y cómo ayudas al prójimo.

Es importantísimo cuidar tu campo energético, o sea tu cuerpo. Es como preparar tu casa para subir las vibraciones.

Para mantener una buena conexión debes mimarlo y cuidarlo, comer sano, hacer ejercicio, tomar bastante agua, ya que nuestro cuerpo está formado en un gran porcentaje de agua.

Según la edad, el estado de salud y su nutrición, el cuerpo humano oscila entre el 50% y 70 % de agua. La mayoría de las funciones vitales utilizan este vehículo.

Vamos a los datos interesantes para que no te olvides de ingerir agua adecuadamente. La piel contiene un 72 % de agua, la sangre un 83 %, los órganos como el corazón, el hígado y los riñones entre un 70 y 80 %, los huesos un 22%, los músculos un 76%, el tejido graso un 10 % y el cerebro un 75%. Teniendo a mano estos datos es evidente que debes mantenerte hidratado, con un promedio de 2 litros de agua por día. Mucho más que eso puede producir daño a tus órgano y mucho menos también.

El agua tiene la capacidad de capturar la información del medio ambiente, por lo tanto siempre está trasmitiéndonos un mensaje. Se han realizado muchos experimentos donde se expone el agua a la influencia de música, palabras, pensamientos; y con ello se ha descubierto que cuando las vibraciones son positivas (provenientes de hermosa música, palabras de afecto o pensamientos positivos) al cristalizar el agua se configuran cristales con estructura hexagonal clara, simétrica y brillante. En cambio cuando las vibraciones son negativas (agua contaminada, música estridente, palabras de desprecio y odio) la formación en la cristalización del agua es caótica, asimétrica y oscura.

La vibración es como un imán que crea un campo magnético. Si la vibración de tu campo es de baja frecuencia atraerá vibraciones similares. Por lo tanto vibraciones similares se atraen, se juntan y si no son similares se repelen, se separan.

Teniendo esta información, ¿Qué piensas que le haces a tu cuerpo cuando tienes pensamientos de crítica y desvalorización? ¿Qué sucede cuando, por el contrario, vibras alto, con pensamientos positivos, te amas y amas a los demás?

Piénsalo por un momento, sabiendo que nuestro cuerpo está compuesto mayormente de agua; ¿Qué decisiones vas a tomar en un futuro, como vas a pensar y actuar?

¡Creo que ya tienes la respuesta!

> *"Si quieres descubrir los secretos del universo, busca en términos de energía, frecuencia y vibración"*
>
> *Nikola Tesla*

¿Quieres una vida saludable, llena de energía y vitalidad? Ve por ello.

¿Quieres una relación de pareja de amor incondicional y relaciones de amistades que se acompañen, que se impulsen mutuamente? Ve por ello.

¿Quieres mejoras en tu economía haciendo lo que amas? Ve por ello.

Sólo empieza por tu decisión, enfócate en ello completamente de las formas que ya venimos hablando y ponte en acción. Al principio te puedes encontrar con algunas resistencias, porque estas poniendo a prueba a tu ego, a todo tu sistema de creencias, de hábitos, etc. Pero si sigues enfocado y demuestras tu confianza y fe, vas a comenzar a vivir cambios maravillosos.

Yo estaré esperando recibir tus comentarios sobre los progresos extraordinarios que has hecho.

¡ERES TÚ LÍDER, TU HÉROE HOY Y SIEMPRE!

SER CONSCIENTE

Eres un ser muy complejo, tienes un cuerpo físico, emociones, pensamientos y alma. Y ser consciente tiene que ver con la habilidad de darte cuenta de ti mismo, de todo ese ser complejo que eres, con la capacidad de percibirte y en la relación con tu entorno.

Hay estudios que demuestran que nuestra capacidad de atención va de 7 a 9 elementos simultáneos.

Es decir, que mientras tú estás leyendo este libro puedes estar más o menos consciente de tu postura corporal, de los ruidos a tu alrededor, de la temperatura, los colores e iluminación que tienes en el ambiente, etc. Todo eso al mismo tiempo. Pero realmente solo puedes estar enfocado en una sola cosa al instante. O estás leyendo esto o estas pensando en otra cosa. Pero no puedes hacer ambas cosas a la vez.

Vivimos en un mundo lleno de distracciones y sometidos a muchos estímulos externos. Y como si eso fuera poco, desde niños nos enseñan a mantener nuestro enfoque en el exterior.

- Ten cuidado al cruzar la calle.
- Mira para ambos lados.
- Presta atención cuando te hablan.
- Saluda a los vecinos.
- Ve al mercado y trae la manzana con tal etiqueta.
- Mira para adelante y por los lados cuando conduces tu vehículo.
- Fíjate que hace tu amigo, etc.

Esto no te hace ser más consciente, porque te olvidas del factor básico: tú mismo.

Cuando empiezas a enfocarte en tu interior de manera constante, eres capaz de empezar a observar las reacciones físicas, emocionales, mentales propias y con el entorno. Tus sensaciones internas te hablan y te brindan información totalmente relevante sobre ti y sobre aquello que hay que cambiar o modificar o incluso desterrar de tu vida.

Ser consciente de quien eres y cómo eres es algo que pocos hacen. Estas más orientado a darte cuenta quien es y cómo es el vecino, el primo, el kiosquero, la mesera, tu pareja, etc. Muchas veces ves y criticas los defectos que tienen ellos. Pasas al juicio muy rápidamente, pero cuando alguien te critica a ti, te sorprendes y reaccionas. No lo puedes creer, porque realmente no eres consciente de ti mismo.

Ser consciente conlleva dolor, pero a la vez es un despertar muy liberador.

Te preguntarás, ¿Por qué es doloroso? Porque significa verte a ti mismo cara a cara. Ver aquello que rechazamos y lo que nos molesta de los demás. Te vas a sentir incómodo, ya que tendrás que alejarte de tus ideas y creencias preconcebidas, realizando un reaprendizaje para expandir tu mentalidad, tus perspectivas y creencias.

El error más común es creer que eres libre y que decides en todo momento sobre lo que quieres, pero en realidad eres esclavo de tu falta conciencia y claridad para conocerte a ti mismo.

Todo este proceso no es simple, ni sencillo, conlleva dolor y necesita compromiso y esfuerzo constante en el tiempo para remover todo lo que hasta ahora has estado evitando.

> *"No es posible despertar a la conciencia sin dolor. La gente es capaz de hacer cualquier cosa, por absurda que sea, para evitar enfrentarse a su propia alma. Nadie se ilumina imaginando figuras de luz, sino por hacer consciente la oscuridad"*
>
> **Carl Gustav Jung**

RESPONSABILIZATE

La verdad es que es más sencillo permanecer en la ignorancia de quien eres en realidad. Ya estas acostumbrado y es más fácil echarle culpa a los demás y a las circunstancias de todo lo que te sucede. Sin cuestionarte tu actitud y tus pensamientos.

Pero dime la verdad, ¿Te encuentras bien, satisfecho, en bienestar siendo de esa manera, actuando simplemente guiado por tus creencias, por lo aprendido, por tu ego, tu orgullo?

No lo creo. Porque cuando estás en el mismo lugar todo el tiempo, durante años, solo aguantando, tolerando, llega un punto que la vida dice: "basta" con alguna experiencia que te lo da vuelta todo. Y cuando empiezas a lograr cambios en ti, y estas a cierto punto de distancia del que eras, descubres que no deseas volver nunca más a ese estado.

Este proceso puede ser difícil, doloroso y de mucho trabajo interno, pero es el esfuerzo que debes invertir ahora para el día de mañana estar en un punto de crecimiento exponencial y seguir prosperando. Porque una vez que comienzas no frenas más…se convierte en tu mejor camino. Porque así como te llegan las resistencias, piedras, muros, dificultades ante tu proceso de cambio, también te llegan bendiciones y realizaciones de sueños mucho más grandes de lo que esperabas.

El proceso comienza con la toma de conciencia, el responsabilizarte de ti mismo. Reconociendo tus miedos, tus limitaciones, los prejuicios, los hábitos y patrones de conducta que te tienen atascado.

Yo te guío con la teoría para involucrar tu comprensión, pero este proceso es vivencial, involucra la acción en el presente. Debes poner en juego cada parte de ti, observarte, enfrentar las circunstancias y etapas en las que te ves incapaz de avanzar y resolver.

Al hacerte consciente de ti mismo te liberas de las represiones, la culpabilidad que muchas veces te atormenta y los conflictos tóxicos en tu relación con los demás y contigo mismo.

Debes colocarte en el lugar de observador.

La metáfora del carruaje.

Parece que su precursor fue el mismo Platón, quien dijo la famosa frase: "el cuerpo humano es el carruaje, el YO es el hombre que lo conduce, el pensamiento son las riendas y los sentimientos son los caballos". Con el paso del tiempo derivó en la metáfora del carruaje.

Se trata de una analogía que compara al ser humano con un conjunto formado por un carruaje, un caballo que tira de él, un cochero o conductor que dirige el caballo y el pasajero, amo y señor, sentado en el carruaje.

- El carruaje representa el cuerpo físico

- El caballo nuestras emociones

- El cochero nuestra mente, los pensamientos

- El pasajero eres tú

El pasajero representa al observador, el que le da sentido al viaje, es tu ser interior.

Viendo la imagen puedes entender que las diferentes partes tienen que rendir a la par para que el viaje (la vida) sea segura, placentera, de progreso, enriquecedora.

Esta metáfora intenta trasmitir el mensaje de que la unidad que eres está compuesta por cuatro partes y no por tres como nos han ensañado.

- Cuerpo

- Emociones

- Mente, pensamientos

- Espíritu, ser interior, alma

Por lo tanto es imprescindible desarrollar el papel más relevante, que es el pasajero del carruaje, porque desde allí haces visible tus emociones, tus pensamientos, tus acciones; y de esa manera, tomas las **decisiones adecuadas**, desde el ser, haciéndote cargo y responsable de ti mismo. Encontrando los desfasajes, las incoherencias preexistentes que te mantienen estancado. Y logrando ante la observación de las diferentes partes, que componen tu ser, buscar un equilibrio y armonización que te conduzca hacia donde quieres llegar.

Ahora sabiendo todo esto no tienes excusas para afirmar que si quieres lograr los cambios necesarios para tener una vida extraordinaria debes como primer paso observarte, hacerte consciente de todo lo que está guardado, archivado en la oscuridad, que no dejas salir por miedo a ver la verdad.

Debes concentrarte en ti y dejar de buscar fuera. Más bien todo lo que te rodea está allí, y aparece en tu vida, para que aprendas la lección, siempre está mostrando algo de ti, algo para ti.

Este anclaje debes tenerlo presente siempre durante el proceso de cambio hasta que se vuelva un hábito. Porque te aseguro que va a llegar un momento que será automático y en ese instante sabrás que ya tienes el control, que ya tienes el poder y que lideras tu vida plenamente.

Cuando realizas los pasos de mi plan, estas obteniendo coherencia entre lo que eres, piensas y haces. Y esa coherencia te mantiene en un estado de paz interna que nadie te puede robar, nada del exterior puede alterarlo y es el mayor logro que puedes tener. Porque cuando tienes incoherencia no eres tú, eso te genera mucho ruido interno, estás incómodo y no entiendes porque.

Te voy a contar una situación que he vivido muchas veces antes de estar en el lugar de poder propio que estoy ahora. Seguro tú también lo has experimentado.

Recibo una llamada de una amiga para invitarme a tomar algo en la noche y charlar, ponernos al día con nuestras historias.

Pero, con anterioridad, ya me había planificado una buena comida sola en casa, en pijama, mirando una peli y sintiendo que ese es mi disfrute.

Acto seguido siento culpa de decirle que no y accedo a su invitación para que no se enoje, para que no deje de invitarme, etc., puede haber miles de motivos.

¿Cómo crees tú que vivo esa noche? ¿La disfruto o estoy solo presente en cuerpo deseando estar en mi casa experimentando todo lo que había planificado?

Pues ya sabes la respuesta, ¿no? Mi cuerpo estaba allí, pero mi ser deseaba estar en casa. No disfrute la noche, ni siquiera le presté mucha atención a mi amiga. Deseaba que el tiempo pasara volando y por fin llegar a casa.

Conclusión: no estaba siendo coherente conmigo misma, no me estaba respetando. Entonces utilizando el plan, el anclaje de los 4 pasos que comparto contigo, pude darme cuenta de mi error y entender porque me estaba sintiendo tan incómoda. Puro aprendizaje. Desde ese momento, en que lo hice consciente, nunca más volví a repetir una situación similar.

También me di cuenta que cuando eres coherente contigo mismo no haces daño a nadie. Utilizas las palabras reales de lo que te pasa, le cuentas lo que has decidido y la otra persona no puede decirte nada porque es tú decisión. Si se enoja eso ya es problema suyo, es algo que va a tener que resolver con ella misma y a ti ya no te incumbe. No eres responsable de los demás. Solo eres responsable de ti mismo.

Vamos a seguir con este bucle de información y de ideas que deseo de todo corazón te estén ayudando.

Hablamos de pensamientos, hábitos, creencias, programas, paradigmas, patrones de conducta, energía, vibraciones, etc., y aunque todo esta netamente conectado deseo mostrarte técnicas diferentes o abordajes diferentes para que puedas romper con todo lo viejo, con todo lo obsoleto para salir de donde estas paralizado y comenzar a avanzar hacia un mejor versión de ti mismo.

Hay una frase de mi querido mentor que quiero compartir ahora mismo contigo:

> *"La vida no te sucede a ti, sucede para ti"*
>
> **Lain Garcia Calvo**

¡No esperes más, haz que la vida suceda para ti de la forma en que deseas. Ella te escucha, háblale de tus anhelos y siéntete merecedor de ello y más!

ACOMPÁÑAME A LA ZONA DE ACCIÓN...

Capítulo 4

ACCIONO

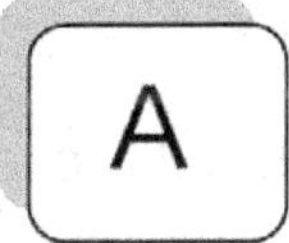

ACCIONO. Por último tomas acción. Ya decidiste, así que ahora te toca hacer. ¿Y cómo lo haces? Buscando un cambio en la forma que actúas siempre. Una mejora en la acción para obtener un resultado diferente y acorde con lo que quieres experimentar.

De todo lo que viste, hasta ahora, es de vital importancia que lo tengas presente siempre para llevar el plan hacia donde está dirigido: hacia el logro de tus sueños, tus anhelos. Aquello que deseas.

LO PRÁCTICO

Ahora vas a ingresar a la parte práctica. A ver cuál o cuáles son las distintas maneras de apoyar todo lo visto antes para lograr tus objetivos.

Ya incorporaste bastante información, pero falta muchísimo más, obvio que en un solo libro no podemos hacer magia, pero si comenzar el proceso y paso a paso ir integrando todo para comenzaran a ver los cambios.

En esta parte del libro, lo que interesa es la vibración, la frecuencia en que estas la mayor parte del día y los siguientes.

Acompáñame a explorar como estás por ahí y cómo puedes mejorar o equilibrarte.

LAS AFIRMACIONES

Hemos visto ya, que donde enfocas tu atención es lo que luego se manifiesta. Si observas bien, estamos insertados en una sociedad que, en general, expresa todo lo que desea en negativo.

Por ejemplo:

- No quiero vivir en soledad

- No quiero estar gordo

- No quiero ser pobre

- No quiero esta relación

- No puedo conseguir el trabajo que deseo

- No tengo fuerzas para salir de esta enfermedad

- No sé cómo se hace esta actividad

Así puedes seguir con todo aquello que no quieres más en tu vida y que tampoco deseas para tu futuro.

Fíjate que todas las expresiones están en negativo: "no quiero", "no puedo", "no tengo", "no sé". Siempre dando vueltas sobre los cuatro paradigmas básicos. Que ya sabes que te limitan si los mantienes activos.

¿Cuál es tu trabajo aquí? Comenzar a dar vuelta cada una de esas frases, en realidad las que tengas en tu vida y expresas constantemente, y convertirlas en afirmaciones.

Para eso debes eliminar el "no" y las palabras limitantes de la frase. Decirlas componiendo afirmaciones. De esa forma las mismas quedarán de la siguiente manera:

- Estoy rodeada de personas amorosas

- Soy una persona esbelta

- Mi situación es próspera

- Tengo una relación nueva y maravillosa

- El trabajo que deseo está disponible para mi ahora

- Me encuentro rebosante de salud

- Estoy dispuesta a aprender esta nueva actividad

Como ves no es ninguna ciencia, pero si estás acostumbrado y tienes el hábito de hablar y pensar en negativo, deberás trabajar duro en ello.

El universo o energía superior te escucha y responde siempre. Por tal motivo debes empezar a cuidar tus pensamientos, tus palabras y tus emociones o sentimientos, porque de esa manera te comunicas con él, y de seguro que no quieres ser mal interpretado. Debes adaptarte a su comprensión. Él no tiene en cuenta los "no". Y si te expresas en negativo entenderá que eso es lo que deseas.

Comienza por estar atento a lo que piensas y dices. Al principio cuesta bastante, pero como todo por repetición se vuelve un hábito si eres constante. Si sucede que algo negativo escapa de ti y te das cuenta, enseguida niégalo y realiza la afirmación correspondiente.

Siempre las vibraciones superiores o altas dominan a las inferiores o bajas. En las palabras, pensamientos, sentimientos y acciones positivas las vibraciones son superiores a las negativas. Por lo tanto, si te descubres afirmando algo en negativo, automáticamente lo cambias por positivo.

En mi caso fue una de las primeras herramientas de cambio que implementé, y te aseguro que comienzas a ver maravillas. Descubres realmente el poder que tienen tus palabras, tus pensamientos, tus emociones. Y cuando ves el resultado no retrocedes nunca más.

Te conviertes en una nueva versión de ti mismo totalmente mejorada. Te animo a que lo hagas. No tiene desperdicio. Solo puedes ganar mucho más de lo que te imaginas.

Vamos que te acompaño por el camino hacia tus sueños!

A DECRETAR SE HA DICHO

¿Qué es esto de los decretos?

Si buscamos el significado en el diccionario ya nos dice bastante: procede del latín decretum, y se refiere a la decisión de una autoridad sobre la materia en que tiene competencia.

En este caso sería la decisión que tomas con total autoridad sobre ti mismo. Vas a decretar (escribir, decir, enunciar) todo aquello que deseas ser y tener en la vida como si ya eres y tienes en estado presente. Le das el poder y tienes la autoridad de afirmarlo.

Sabes que el poder de la palabra es infinito, la energía que mueve, tiene la fuerza de concretar todo lo que pidas. Teniendo en tus manos el poder de influenciar al Universo, decirle con claridad lo que quieres, no pierdas la oportunidad de forjar tu futuro, moldear tu entorno y mejorar tu vida.

La palabra dicha tiene una respuesta fuera de nuestro interior. No debes aceptar sentimientos negativos que alteren tus pensamientos.

Algunos datos importantes:

- Expresados con afirmaciones

- En estado presente, ahora.

- Como si ya lo estás viviendo

- Ninguna palabra que implique duda

Los decretos se dirigen a tu ser superior, a la reprogramación de tu mente en positivo y permite desarrollar tu poder personal, sin límites hacia los éxitos en todos los ámbitos de tu vida.

Existen dos palabras muy poderosas a la hora de iniciar un decreto.

Ellas constituyen un reconocimiento que somos seres divinos. Fuimos creados a imagen y semejanza de nuestro creador y por lo tanto también tenemos el poder de crear.

Cuando las pronuncias, para ponerte en acción, verás manifestaciones externas ocurrir más rápidamente. Es el llamado al pleno poder en acción.

"Yo Soy" es la plena actividad de Dios. Cuando dices "Yo No Soy" le cierras la puerta en la cara a la poderosa energía creadora que tienes.

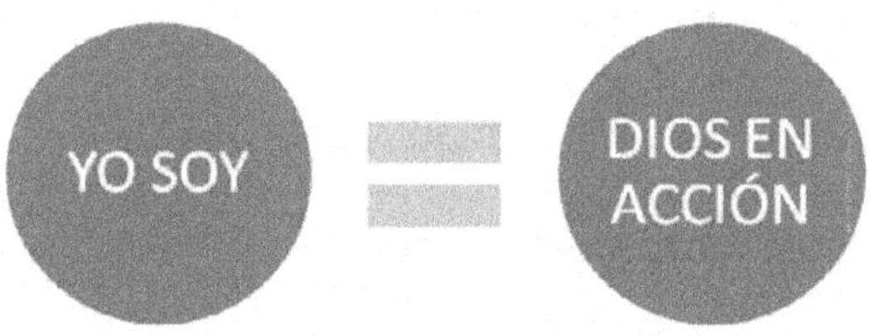

Deja de darle el poder a las condiciones externas, personas, lugares o cosas. Y cada vez que te encuentres comenzando a decir: "estoy enfermo ", "no tengo dinero", "no me siento bien", etc. Invierte instantáneamente esta condición fatal para tu progreso y afirma con toda intensidad de tu ser "Yo Soy". Estas dos palabras son todo poder, toda salud, toda abundancia, toda perfección, toda felicidad, toda paz. Tienen el poder de reconocer en ti la perfección aquí mismo y en cualquier lugar.

Son las palabras creadoras del Universo. Cuando las dices entras en contacto directamente con él, con el todo, con la energía superior, con Dios, da igual como lo llames. Cuando realizas el llamado usando esas dos palabras estas utilizando una señal de vida inteligente para crear.

La vida, que es inteligente, obedecerá el llamado, y esto obliga a la respuesta. Siempre lo hace.

Al utilizar las palabras "Yo Soy" siempre debe seguirla una afirmación positiva y constructiva.

"Yo Soy amor incondicional"

"Yo Soy un ser lleno de vitalidad y energía"

"Yo Soy la riqueza que fluye dentro de mí y me es dada para buen uso de ella"

Parado en la proa del barco miras al océano infinito que en el horizonte se conjuga con el cielo también infinito, y te vienen unas ganas inmensas de gritar con todo tu poder:

"Yo puedo conseguir en mi vida todo lo que desee,

Todo lo que necesito saber se me revela,

Todo sucede para bien y el de todos los involucrados,

Yo soy un ser ilimitado que acepta de forma ilimitada toda la abundancia prove-

niente de una fuente ilimitada.

Yo soy guiado por mi ser interior, mi corazón, mi intuición

Y elijo ser cada día mejor.

Yo lidero mi vida, porque Yo Soy mi propio Héore!!!

Las repites una y otra vez, porque te hacen sentir poderoso, fuerte, y tan grande como tus sueños.

Te das cuenta que cada vez que vuelves a decir esas palabras algo dentro de ti crece y cada una de ellas se vuelve más y más real. Te vas convirtiendo en esa persona que estaba muy oculta dentro tuyo y llegó la hora de salir al mundo a ¡ser feliz!

La eficacia de un decreto se determina tanto por la cantidad de sentimientos y convicción, como por la claridad de la imagen (visualización). Sin un sentimiento positivo y convicción, el decreto no se manifestará.

El decreto debe repetirse 3 veces.

1. Llega a la conciencia física (personalidad)

2. Llega a la conciencia del ser crístico (el mediador entre Dios y el hombre)

3. Llega a la conciencia del ser divino (la presencia Yo Soy)

Significa que la luz, el bien, de la personalidad o ser externo, reconoce e invoca a la acción el mayor poder divino y sabiduría de su propia corriente de vida y la Ley de la vida.

El repetir el decreto tres veces lo ayuda a acopiar más rápidamente la energía necesaria que se requiere para la manifestación.

Otra razón para repetir tres veces los decretos, es que de esta manera, ayudan a convencerte de las verdades que estás proclamando. Al escuchar esos decretos repetidas veces genera en ti un sentimiento de confianza y te encontrarás comenzando a creer en el decreto o afirmación de verdad, con mayor convicción. Entonces lo verás manifestado.

Cuando la conciencia inferior invoca a la mayor por la asistencia que sea, la conciencia superior siempre responde.

VISUALIZA TUS SUEÑOS

La visualización es una práctica que utiliza la concentración mental, con el uso de pensamientos positivos, para manipular al cerebro y alcanzar ciertos estado y objetivos, ya sean físicos, psicológicos, espirituales o materiales.

No es ninguna práctica moderna, técnicamente hablando, la visualización es una forma de meditación y la misma ha estado presente entre nosotros desde hace siglos.

Yendo un poco a la historia, se hizo popular en occidente a principios de 1900. Aunque ya había escritos y estudios sobre la misma, fue Charles Garfield, autor de Peak Performance; haciendo pública la práctica de atletas rusos, que para las olimpíadas de 1980, pasaban el 75% de su tiempo haciendo entrenamiento mental y el otro 25 % físico.

Esto nos dice mucho sobre la visualización y a que niveles se pueden obtener muy buenos resultados de ella.

En el deporte se usa para repasar cada movimiento, para mantener el foco en la victoria, la cabeza en frío en los momentos de mayor presión y de errores.

Este tipo de ejercicio mental, permite que el cerebro y todas las funciones cognitivas, se activen y reacciones de acuerdo a lo visualizado.

Algunas figuras que son ejemplo de ello son: Tiger Woods, Roger Federer, Arnold Schwarzenegger, quienes afirman hacer uso de la visualización y que ésta les ha permitido llegar al estrellato. También actores como Jim Carrey y Will Smith, han visualizado sus éxitos tantas veces hasta alcanzarlo y ahora son profetas de la visualización.

Si lo piensas bien, tú visualizas todo el tiempo. Lo que sucede es que, por lo general, tienes como la gran mayoría, la tendencia de hacerlo de manera incorrecta. Muchas veces le muestras a tu subconsciente una película de terror, una y otra vez, ahí están tus miedos, tus límites y negatividad, lo cual te lleva a tener una vida que refleja todas esas cualidades.

Tantas veces has imaginado el fracaso en cualquier ámbito que sea, que terminas viviéndolo. Imaginas que no vas a tener suerte, o que te van a rechazar, o que no lo vas a conseguir porque es difícil y no es para ti, o que vas a caer…¿y que termina sucediendo?

Dime tú la respuesta, porque yo ya la sé, pasé más de una vez por allí. Y creo que nadie escapa a ello.

Es una de las tantas cosas importantísimas que no nos enseñaron y, como ya viste, no es ningún secreto. Ahora que ya lo sabes es el momento de empezar a aplicarlo en tu día a día. Verás como comienzan a cambiar tus resultados, como te sientes más seguro, confiado, increíble, por lo que estás logrando. Sumado a ello, tu entorno también comienza a verlo y te pregunta de qué forma obtienes esos resultados.

¿Cuántas veces has ido al cine y has llorado de emoción, te has angustiado como si fueras el protagonista, has transpirado las mano de miedo, y tu corazón ha comenzado a latir más rápido ante una escena de suspenso o terror?

Esto sucede porque el cerebro activa los mismos procesos y funciones cognitivas y fisiológicas para responder a situaciones o emociones, aún cuando éstas son generadas por algo ficticio.

El cerebro no distingue entre algo real y algo que no lo es.

Para el cerebro cualquiera de estas opciones significa lo mismo. No existe una diferencia entre ellas, entran a tu subconsciente en el mismo rango... todo es real.

Contando con esta información, sabes que puedes reprogramar y convencer a tu mente subconsciente, que tu realidad es diferente. Puedes mostrarle tu propia película y sembrar imágenes, pensamientos, creencias, sensaciones y emociones; que con la repetición constante comienzas a crear tu nueva realidad.

Tu subconsciente asimila las imágenes y comienza a influir en tu mente consciente, para que active tus sentidos y las funciones necesarias para validar y actuar en consecuencia a tus nuevas creencias y pensamientos.

VISUALIZACIÓN = ENTRENAS A TU CEREBRO PARA QUE COMIENCE A RECONOCER Y DETECTAR RECURSOS O POSIBILIDADES QUE ANTES NO EXISTIAN. PREDISPONES A TU MENTE. TU ENERGÍA, PENSAMIENTOS, SENTIDOS CONSPIRAN PARA QUE AQUELLO QUE IMAGINAS Y DESEAS SE CONCRETE.

Como te comenté antes, el cerebro no distingue entre eventos reales o ficticios, y eso juega totalmente a tu favor. Tienes el poder para cambiar cualquier situación que desees.

Cuando visualizas y meditas, involucras toda tu energía, pensamientos, emociones, todos tus sentidos están allí en el propósito que deseas alcanzar. Es entonces que se suceden una serie de hechos mentales que afectan tu propia percepción, consciencia, cuerpo y energía.

Verás y percibirás cosas y situaciones que antes no veías. Tu atención te permitirá descubrir nuevas oportunidades de las cuales antes no te habías percatado, tu percepción de la realidad será más positiva. Verás señales por todos lados y si encuentras alguna traba en el camino la solución vendrá enseguida y no te detendrás en ella. Tus pensamientos se vuelven más fluidos y la creatividad estará allí a flor de piel ayudándote a resolver los sucesos de la mejor manera y tomando mejores decisiones ante ellos.

Es más que obvio que la práctica de la visualización activa la ley de atracción. Cambias tus pensamientos, tus creencias, tus predisposición e involucras imágenes sobre cómo te ves con lo que deseas ya conseguido. Todo ello genera emociones en ti, involucrando todos tus sentidos, tu vibración cambia, sube y por lo tanto atraes aquello que vibra igual a ti.

Por tal motivo, es indispensable que la visualización positiva se vuelva un hábito en tu vida. Comenzarás a vibrar en tus sueños y ellos se irán acercando a ti y tú a ellos. Dependiendo del tamaño de importancia del sueño que anhelas y de que tan cerca o lejos estés de ello, te llevará más o menos tiempo conseguirlo, pero el Universo siempre responde. Sólo que tú debes hacer tu parte, tener fe de que eso ya es tuyo y permitir que se den los tiempos necesarios para que se materialice en tu vida.

Cuando te focalizas en algo, en este caso en tu sueño, deseo, anhelo, inevitablemente comienzas a ver nuevas opciones, posibilidades, recursos, soluciones, personas, que antes no habías tenido en cuenta. Vas atraer todo esto y más porque estás transformando tus pensamientos.

En conclusión, podemos decir, que la visualización es una herramienta por excelencia para salir del punto de disgusto en el que te encuentras y llegar al que deseas.

Funciona como un constructor de creencias positivas, ya que ayuda a desterrar creencias limitantes, que en nuestro consciente no son más que miedos inventados, porque no son reales, pero que influyen en tu percepción de la realidad y de tus capacidades.

La visualización es una herramienta motivadora para tomar acción y hacer realidad todos tus deseos y lograr así una vida positiva, extraordinaria y exitosa.

Confío en ti que darás provecho a semejante herramienta. Te aseguro que no tiene desperdicios.

> *"Si puedes verlo y creerlo, entonces es mucho más fácil que lo consigas"*
>
> **Oprah Winfrey**

> *"Si puedes soñarlo, puedes hacerlo"*
>
> **Walt Disney**

> *"Tanto si piensas que puedes, como si piensas que no puedes, estás en lo cierto"*
>
> **Henry Ford**

> *"Cuando una persona desea realmente algo, el Universo entero conspira para que pueda realizar su sueño"*
>
> **Paulo Cohelo**

Quise mostrarte estas frases célebres para que realmente logres interiorizar todo lo que estoy exponiendo para compartir contigo. Nada es al azar, todo sucede por causalidad. Todo llega en el momento adecuado, lo único que tienes que hacer es creerlo y tomar acción. Aplicar todo lo que has aprendido hasta el momento y mucho más que queda por aprender.

De camino al lugar de tus sueños y ya sabiendo lo que anhelas, pasas mucho tiempo, imaginándote: "el instante en que tus ojos lo ven, los saltos de alegría que pegas, tus gritos, que suenan tan fuerte por la felicidad que experimentas y quieres que la inmensidad que te rodea los escuche."

Vives una y mil veces tú sueño, y lo sientes como si estuviera pasando en ese instante.

Luego abres tus ojos y te ves en el mismo barco de siempre. Pero ya no eres tú el de siempre. Porque eso que acabas de soñar despierto es lo que viene y sabes que tarde o temprano llegará.

Ya no te desanimas, sino que estás pendiente de la dirección del viento para tomar tu vela e impulsar tu barco rumbo a tu verdad. Ese lugar que espera por ti desde el momento en que lo sentiste y lo creíste real.

Estamos toda la vida en este camino de aprendizaje constante. Somos aprendices y maestros a la vez. No existe ninguna persona que desde la consciencia lo sepa todo, nuestro ser tiene la respuesta a ello.

Cuando tomas consciencia que existe una fuerza superior que todo lo sabe, todo lo ve, es la verdad en esencia, y tú comienzas a conectarte con ella, se disipan todas tus dudas confías en esa voz interior, en esa intuición, en lo que dice tú corazón que quieres en la vida y vas por ello. Estas totalmente abierto y permeable a toda la información disponible para lograrlo. Cierras el paso a las crítica de los demás y a la auto-crítica. Comienzas a valorarte, a cuidarte, a mimarte y a ir en busca de aquello que hasta ahora no te permitiste por no creerte capaz. Pero ahora sabes que sólo depende de ti y de nadie más. No necesitas la aprobación de nadie, tienes el control, eres tu propio líder y el héroe de tu vida.

¡YA NADA, NI NADIE PUEDE CONTRA TI. VE CAMINO A TUS SUEÑOS!

MANOS Y VISIÓN A LA OBRA

Vamos a crear tu panel visionario. Nada de pereza y quejas. Sabes que es por y para ti. No te quedes sentado viendo como otros lo hacen y logran sus objetivos. Vamos, actívate. Tú puedes, no dudes nunca más de ello.

Te estarás preguntando: ¿Y para que quiero yo un panel visionario?

Es para ayudar al Universo a entender tu mensaje y a ti mismo a reforzarlo cada día. Se ha convertido en otra herramienta indispensable a la hora de lograr los sueños.

Etapa 1. Proceso inicial

1. **Tus metas**: generalmente tienes una idea general sobre lo que quieres en la vida, cuáles son tus metas y lo que te hace feliz. Sin embargo cuando te pregunto directamente sobre el concepto de una buena vida, cuesta pensar y definir detalles específicos. Para asegurarte de estar en el camino correcto, no mirar el pasado con remordimiento, es bueno reservar un tiempo para identificar claramente tus mestas y aspiraciones con el mayor detalle posible.

2. **Las grandes preguntas**: hazte pregunta generales como:

   ¿Qué es una buena vida?

   ¿Qué hace que una buena vida sea valiosa o valga la pena vivirla?

   Cuando estés cerca de la muerte ¿Qué te gustaría haber logrado?

3. **Divide las grandes preguntas**: a las grandes preguntas formuladas antes divídelas en preguntas más pequeñas para que no sean tan abrumadoras. Por ejemplo:

   ¿Qué actividades te gustaría aprender?

   ¿Qué actividades ya haces pero deseas mejorar?

¿Cuáles son tus metas laborales? ¿Qué pasos deberías seguir para lograr el trabajo o la labor que sueñas?

¿Con qué tipo de persona te gustaría estar en una relación de pareja?

¿Cómo quieres ser recordado? ¿Quieres escribir tu próxima gran novela? ¿Quieres ser presidente de tu club u organización benéfica?

4. **Decide cuál es tu tema**: después de dar respuesta a todas las preguntas que te surjan, debes decidir el enfoque de tu panel visionario.

- Puedes hacer un panel con enfoque en una meta específica.

- Puedes hacer un panel con un tema más general que abarque varias metas relacionadas.

Etapa 2. Creación física del panel.

1. **Debes elegir el formato y el material.** Generalmente se realiza en cartulina o en un tablero de corcho. Puede ser cualquier material que puedas colgar o apoyar en la pared. Incluso también puedes realizarlo en una versión electrónica. Puedes escoger el formato con el que estás más a gusto y lo puedas mirar y actualizar con frecuencia.

2. **Busca y reúne las imágenes** que más te motiven sobre el tema elegido para tu panel. Puedes utilizar fotografías, recortes de revistas, imágenes de internet, etc. Una vez que la tienes examínalas a fondo y selecciónalas cuidadosamente siempre coincidiendo con tus deseos reales. Tu panel debe ser muy visual y contener imágenes que te atraigan y exijan tu enfoque.

3. **Debes incluir frases y afirmaciones positivas** que puedas repetir a modo de mantra. Puedes escribir las tuyas propias y si necesitas ayuda puedes buscar en internet.

4. **Arma tu panel.** Después de recopilar las imágenes y las frases ya puedes comenzar a armarlo. Deja que tu creatividad fluya dándole forma de tal manera que cada vez que lo mires te impulse a lograr cada cosa que deseas. Elige los colores que te atraen a ti, y te generan mayor entusiasmo.

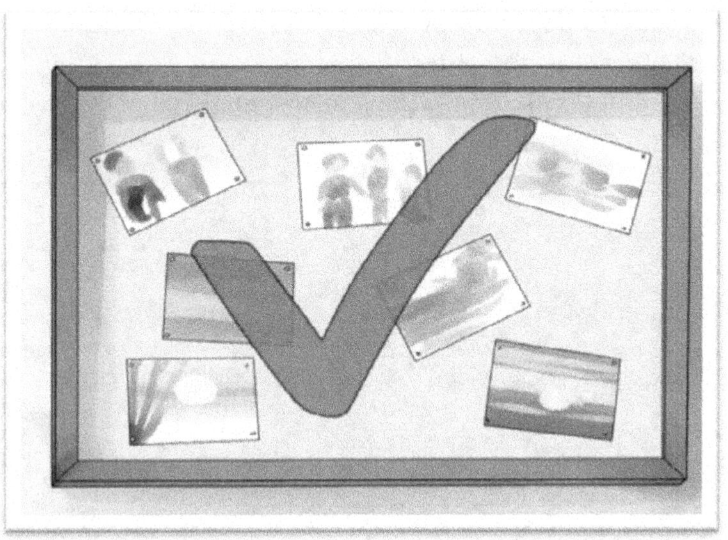

Etapa 3. Uso del panel.

1. **Coloca tu panel en un lugar visible** donde puedas verlo frecuentemente. El propósito del mismo es que tengas un recordatorio visual de todo aquello que deseas alcanzar, y al verlo con frecuencia te mantengas enfocado en ello y motivado.

2. **Míralo con frecuencia**. Comprométete a mirarlo, no sólo verlo, como mínimo una vez al día. También a dedicarte unos minutos a analizar su contenido enfocándote en las imágenes y en las emociones que sientes al verlas ya en tu vida.

3. **Utiliza el panel para visualizar el proceso**, no sólo el resultado. La lección a aprender es, que si bien es bueno especificar metas y pasar tiempo previendo lo

que te deparará la vida si las logras, es mejor y más efectivo concentrarte en los pasos específicos que tendrás que tomar durante el camino.

Tu panel visionario te ayuda a enfocar tu vida sobre las cosas que deseas, a vivir mejor, a entusiasmarte al verlo y comenzar a sentir que puedes lograrlo, que ya es tuyo y que está en camino siempre y cuando tomes acción hacia ellos. Es una de las formas para entenderte con tu inconsciente. Tu inconsciente lo sabe todo, tiene toda la información y es la mejor herramienta hacia una vida extraordinaria.

La vida que llevas tiene que ver con las imágenes que ya hay grabadas en tu inconsciente. Comienza a mostrarle nuevas imágenes hasta que las interiorices y no quede otra opción más que manifestarse, materializarse.

Debes entrar en armonía con lo que pides. Siempre en

estado presente, en positivo y en primera persona.

Un ejercicio muy bueno y potenciador, es relajarte y meditar incorporando los elementos de tu panel visionario, de esta forma cobran más fuerza. En estados de meditación o relajación profunda vas a lograr un montón de beneficios añadidos.

Haciendo esto poco a poco vas alinear tu inconsciente con tus deseos conscientes y por ende, te va a facilitar estar en la misma sintonía con tu propósito de vida y reconocer tus dones y talentos.

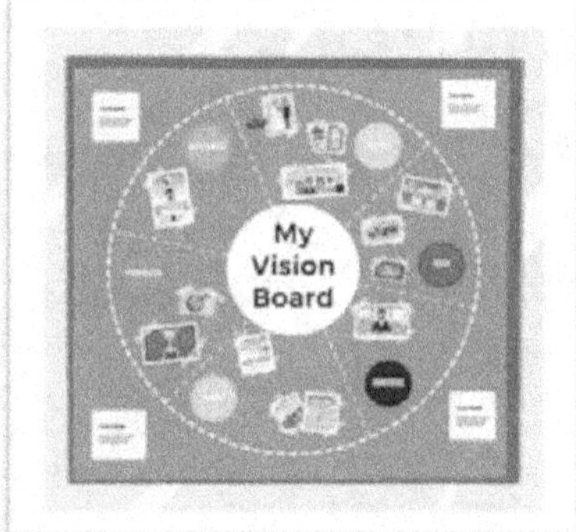

¡TÓMATE UN MOMENTO PARA APRECIAR LO INCREÍBLE QUE ERES! ¡SÍ, TÚ!

MEDITACIÓN-RELAJACIÓN

Meditación y relajación son dos términos que se suelen confundir y utilizar de forma errónea. Entender sus diferencias es fundamental para practicarlas correctamente, en función de lo que necesitas y estás buscando.

Confundir estas prácticas puede generarte frustración. Por ejemplo: cuando piensas que estás meditando mal porque no logras relajarte. O que a pesar de utilizar técnicas de relajación de forma habitual, no estás mejorando tu capacidad de atención o de gestión mental y emocional en tu día a día, beneficios que pertenecen a la meditación y no así a la relajación.

La verdad es que en un inicio a mi me ha sucedido. Por eso quiero dejártelo claro, para que puedas maximizar su uso y los resultados que obtienes sin sentirte frustrado.

MEDITACIÓN

Es un ejercicio de concentración mental en el que pones el foco de atención en algo concreto como la respiración, un mantra o un punto visual.

Es un entrenamiento para la mente y el corazón, que lleva a una mayor libertad mental, física y emocional.

Antiguamente se la relacionaba con las tradiciones espirituales más importantes, especialmente con el budismo. Pero más recientemente en occidente se ha adaptado y su práctica tiene una estructura sencilla, que cualquier persona puede realizar, al margen de sus creencias religiosas, estado de salud o condición física y emocional.

El sentido que tiene la meditación es hacernos más conscientes de las experiencias mientras ocurren con una actitud amable y de interés. Encuentras mayor conciencia de ti mismo y de tu entorno. Te haces más consciente de tus estados anímicos, que los provocan, las inquietudes y preocupaciones, las sensaciones incómodas y emociones, logrando de esta manera una mejor gestión de todo ello; y con el tiempo y la práctica ir reduciéndolos, suavizándolos e incluso en algunos casos eliminándolos.

Cuando meditas el cerebro deja de procesar información tan activamente como lo hace de manera habitual. Estimulas áreas del cerebro relacionadas con la conciencia de uno mismo y la compasión.

Por otro lado, a nivel físico, disminuyen los niveles de cortisol proporcionando un alivio sobre la salud, reduciendo el estrés e incrementando la sensación de bienestar y felicidad. No se trata de apagar los pensamientos y sentimientos, sino aprender a observarlos sin juzgar.

Se puede practicar sentado o acostado y en cualquier contexto donde prevalezca el silencio y puedas realmente concentrarte y no ser interrumpido.

Cualquier persona puede practicarla, hay que eliminar el temor que se mantiene en torno a ella. Que hay un proceso exacto, unos pasos a seguir únicos. Eso es erróneo.

Mientras estés en lugar cómodo para lograr concentrarte y no ser interrumpido, ya tienes todas las condiciones para comenzar.

La respiración es fundamental, debe ser pausada, lenta. Debes enfocarte en la inhalación y exhalación. Suave y lento sientes como entra el aire por nariz, llenas la panza y luego lo sueltas por boca. Tu enfoque tiene que estar solo puesto en la respiración hasta que tus pensamientos, esos que vienen uno tras otros sin que los llames, se aquieten. No consiste en dejar la mente en blanco o intentar no sentir nada, ya que nuestra mente nunca deja de funcionar. Fracasas si intentas dejar tu mente en blanco. Piensas en ir relajando cada musculo o parte de tu cuerpo hasta que te das cuenta que estás en paz, en armonía.

Una vez relajado puedes comenzar a visualizar todo aquello que deseas, lo que expusiste en tu panel visionario. Debes vivir cada situación como si fuese real en ese mismo momento, lo vivencias y por lo tanto involucras tus sentidos, te emociones, tu corazón vive también esas situaciones de logro y felicidad.

Esta explicación, que surge a continuación, me ayudo a entender e ingresar en este maravilloso mundo, eliminando creencias negativas sobre esta fantástica herramienta. La quiero compartir contigo porque tal vez a ti también puede ayudarte a comprender mejor.

"Puedes pensar en la mente como una piscina de agua. Cuando estás tranquilo, el agua está calma y puedes ver perfectamente a través del agua, puedes ver el fondo de la piscina.

Cada pensamiento es como una gota de lluvia que genera ondas en la superficie del agua. Si empieza a llover o hace un poco de viento, si el agua se agita no puedes ver con claridad a través de ella."

Ese es el potencial que tienes, el de poder volver al estado de calma, entrenando tu mente, esas ondas, esas olas pierden fuerza, y poco a poco vuelves a recuperar la claridad.

> *"Se le preguntó al Buda:*
>
> *-¿qué has ganado con la meditación?*
>
> *Él respondió:*
>
> *-Nada. Sin embargo, te digo que he perdido la ira, la ansiedad, la depresión, la inseguridad y el miedo a la vejéz y a la muerte."*

RELAJACIÓN

Es el acto consciente de relajar el cuerpo y la mente. Con diferentes técnicas, poco a poco, se busca destensar los principales grupos musculares, calmando nuestra respiración, reduciendo la actividad mental y experimentando cambios fisiológicos que te ayudan a sentirte más relajado.

Algunas de las técnicas más comunes es poner la atención en diferentes partes del cuerpo para reducir la tensión conscientemente, ejercicios de respiración y visualización.

Por ejemplo, imaginas que estás en lugar tranquilo y bonito, o puedes recordar experiencias ya vividas, como unas vacaciones en que te sentías muy tranquilo, o la combinación de ambos.

El objetivo de la relajación es liberar estrés y tensión,

física y mental, acumulados. Y puedes realizarlo mediante la meditación, pero también puedes realizarlo practicando deporte, escuchando música o dándote una ducha.

Logras un bienestar mental, pero los problemas, preocupaciones y sensaciones incómodas siguen ahí, no disminuyen, porque no los estás gestionando, sino que los estás dejando a un lado por un rato.

Como podrás ver la meditación es más amplia e incluye a la relajación dentro de sí. Ya que después de meditar te puedes sentir más relajado. A diferencia de la relajación, la meditación te hace más consciente de las preocupaciones y problemas. No los dejas a un lado, sino que los observas, los entiendes y con el tiempo aprendes a gestionarlos.

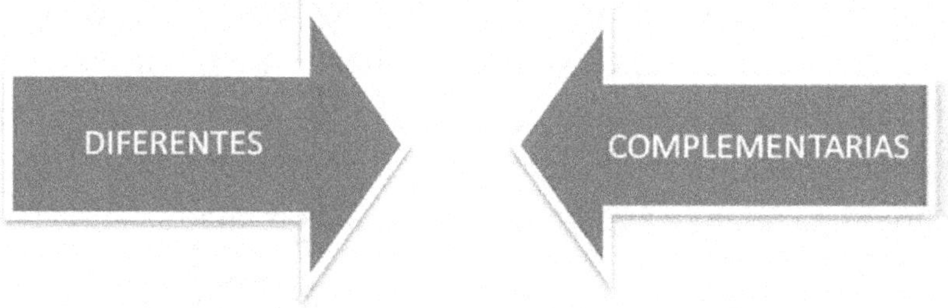

La relajación es evasión y la meditación todo lo contrario.

- Las técnicas de relajación buscan distraer la mente, dejar de lado cualquier tipo de tensión. Es un ejercicio de desenfocar, para sentirte más liviano y poco a poco ir perdiendo la consciencia de todo lo que te rodea y preocupa. Tras la relajación sueles sentirte somnoliento, por lo que es recomendable para antes de ir a dormir.

- Las técnicas de meditación, por el contrario, activan intensamente tu mente. Es un ejercicio de enfoque, de concentración, de atención en algo concreto (respiración, mantra, visualización de un objeto o situación). Tras la meditación te sientes más despierto y activo mentalmente, lleno de energía.

Las dos prácticas son complementarias y necesarias. La relajación te aporta un estado de calma y bienestar, te hace sentir bien. La meditación te centra y te prepara para afrontar vicisitudes de la vida, te hace más fuerte.

No hay que caer en el error de buscar la relajación a través de la meditación, ni los beneficios de la meditación en técnicas de relajación. Pero si es cierto que ejercicios de relajación suelen integrar el inicio de la práctica de meditación, con el objetivo de acceder a la calma que ayuda a una mayor concentración y así lograr una meditación más profunda.

A MOVER EL CUERPO

El ejercicio físico se vuelve fundamental en el desarrollo del ser humano, ya que se ponen en funcionamiento al mismo tiempo la parte física, mental, emocional y espiritual.

Cuando te mueves tu corazón late más fuerte y rápido, haciendo que circule la sangre que estaba estancada en tus miembros inferiores. Esto ayuda a que circule más oxigeno por tu sistema y tu cerebro regulando y equilibrando todo tu organismo y mejorando tu rendimiento energético.

Puedes hacer deporte para sentirte mejor, para liberar tensiones de la vida cotidiana, para mantener el estado de salud o mejorarlo. También puede que lo practiques para exhibirte y demostrar capacidades como la fuerza, flexibilidad, destreza, y así ser reconocido socialmente.

Las intenciones pueden ser varias y de distinta índole para cada ser humano, pero lo real es que los beneficios brindados por la actividad física y el deporte son inconmensurables.

Para nombrar algunos, sabemos que la práctica regular incide:

- Positivamente a nivel psicológico. Generando mayor autoestima, sensación de bienestar, reconocimiento de límites y superación de los mismos, estado de ánimo, etc.

- Influye en el funcionamiento intelectual haciéndolo más óptimo y disminuye el estrés. Nuestros pensamientos e ideas se vuelven más claros. Ayuda a la toma de decisiones más coherentes y constantes.

- A nivel físico. Oxigena la sangre, cada célula y órgano de tu cuerpo.

Es importante que evites ciertos mal hábitos que te mantienen desconectado y fuera aquello que puede brindarte salud.

- El consumo constante y excesivo de alcohol

- Tomar café o bebidas gaseosas con mucho contenido de azúcar

- Fumar tabaco

- Consumir fármacos en forma habitual

- Dormir pocas horas diarias

- Alimentarse con comida chatarra poco nutritiva

Aunque suene ilógico moverse cuando estás agotado, los resultados son asombrosos. Haz el esfuerzo de moverte lo más que puedas, sobre todo si tu trabajo involucra un estilo más bien sedentario, como estar sentado en un escritorio o frente a una computadora. Entre más te muevas durante el día, más energía tendrás y tu ánimo mejorará.

Tu cuerpo está diseñado para moverse y estar activo. Está hecho para caminar, correr, inclinarte, estirarte para alcanzar cosas, saltar, y muchos movimientos más. Por tal motivo, pasar una buena parte del día sentado no sólo contribuye a desarrollar problemas de salud, sino que también quita tu energía.

Te cuento una parte, ya superada de mi vida, cuando sentía que nada tenía sentido, que nadie me veía ni me tenía en cuenta, que no me amaban, que sólo recibía exigencia en todos los aspectos y así tenía que responder, siendo o tratando de ser y hacer todo a la perfección para provocar orgullo de las personas que buscaba aprobación. Obvio que no logré nunca ser perfecta, porque nadie lo es. Eso me llevo siempre al hecho de no creerme capaz, y ser promedio en todo. Estaba tan ubicada en el estado de víctima que me perdía todo lo bueno de la vida.

La verdad que lo recuerdo y me emociono de todo lo que logré y lo que conseguí cambiar en mi vida. Pero ese momento estaba allí para que lo viviera, lo procesara en positivo, aún siendo ese momento uno de los más negativos de mi vida.

Recuerdo que mis pensamientos y mis emociones vibraban muy bajo. Desde el pensamiento porque me criticaba contantemente; desde lo emocional porque vivía llorando, sintiéndome invisible, no amada por nadie y menos por mi misma; desde lo físico porque el tiempo que me sobraba del día después del colegio lo desperdiciaba tirada en mi habitación, escribiendo, leyendo, escuchando música triste. Creo que lo que más rescato de esa etapa es la de leer y escribir mucho, porque en esos momento era yo, pero escribía mis tristezas y decepciones. Hoy estoy aquí escribiendo porque me apasiona, pero desde el lugar adecuado, el de superación, de de tener todas las energías en querer brindarte todo lo bueno que tengo en mi. Persiguiendo mi propósito de ayudar a la mayor cantidad de personas posibles, a valorarse, a perseguir sus sueños, a liderar su vida y ser, cada día que pasa, mejor que ayer.

Pero lo que más quería compartir contigo es como se transformó mi energía desde el momento que tome la decisión de anotarme al gimnasio y comenzar a mover mi cuerpo. Eso me fue motivando e incorporé retos como probar clases nuevas. Incluso el relacionarme con personas en ese ámbito me ayudo a cargar las pilas, a disfrutar esos momentos, porque eran míos y comenzar a ver los resultados tanto físicos, como intelectual y emocional.

Mis pensamientos mejoraron sobre mi misma y sobre mi entorno. Incluso mi alimentación fue mejorando mágicamente, porque me sentía más consciente de mi misma y el cuerpo me guiaba en cuanto a que alimentos eran buenos y cuáles no lo eran para mí.

Como verás la salud física y poner en movimiento tu cuerpo trae demasiados beneficios y equilibra tus emociones y tus pensamientos.

No dejes de realizar alguna actividad que te guste, porque ese momento es de conexión contigo mismo. Incluso muchas veces cuando estás practicando el deporte o actividad que te gusta llegan a ti respuestas a preguntas que vienen rondando por tu cabeza hace tiempo. Eso sucede justamente porque estas conectado con tu ser interior.

¿QUÉ COMES?

La respuesta que des a esta pregunta es fundamental. Mantener tu cuerpo sano es un requisito muy importante para que puedas conectar con tu ser interior, para mantener las vibraciones altas, recargarte de energía y conseguir un equilibrio entre cuerpo, mente y emociones.

Lo que ingieres lo procesa tu cuerpo involucrando muchos órganos y células. Tú ya conoces como funcionas, por lo tanto modera o elimina aquellos alimentos que te producen pesadez, cansancio o fatiga porque involucran un proceso de digestión mayor; o comienzas a sentir molestias estomacales, dolor de cabeza o cualquier estado que provoque dolor.

Desde mi punto de vista no es necesario recurrir a dietas programadas por especialistas, cuando tomas el control de tus pensamientos, emociones y corporales, tú mismo sabes que debes ingerir y que no. Incluso las cantidades y calidades de los alimentos.

Todos sabemos que consumir mucha fruta y verdura en sus diferentes estados, cocinados o crudos y beber la cantidad de agua adecuada ayuda a estar vitales, enérgicos, ligeros y saludables. Y alejar de nuestro alcance los alimentos pesados y grasosos.

Sobretodo debes alimentarte liviano por la noche, antes de ir a dormir, debido a que en el momento de descanso se produce la conexión con la energía superior y es cuando suceden cambios de información necesarios que dan respuesta a lo que deseamos en un futuro.

Seguro ya lo has experimentado muchas veces, cuando estas preocupado por algún motivo durante las horas de sueño obtienes respuestas, guía, que al despertar te sorprenden. Eso sucede por la conexión que se da, entre tú y la energía superior, en estado de sueño.

DESENCHUFATE DE LAS MALAS NOTICIA

Si apagas las malas noticias mejorarás tu vibración. Recuerda que donde va tu atención ahí está tu energía.

Si prestas atención a las noticias de la televisión o la radio, siempre están hablando de crisis económica, de catástrofes naturales, de accidentes, suicidios, asesinatos o malestar en general, porque eso es lo que venden. Las noticias buenas son de menor frecuencia porque no tienen tanta repercusión como las malas noticias.

Son un arma de control para mantenernos en la línea del miedo y la desesperanza. Si comienzas a observar detenidamente que hay detrás de todo este circo, verás que intentan provocar, a parte del control, el consumismo. Primero te muestran la inseguridad que se vive y posteriormente te muestran una publicidad de seguros de todo tipo. O una situación de epidemia de alguna enfermedad para luego mostrarte publicidad de medicamentos contra ellas.

Hay que empezar a ser conscientes de estos manejos que antes no tenías en cuenta. Es totalmente positivo prestar más atención y cambiar de canal, o frecuencia radial o directamente apagar el aparato receptor.

Otro motivo para descartarlos de tu día a día, es que estos medios de comunicación te hacen mantenerte en estado pasivo y las ondas cerebrales que emites cuando ves las malas noticias son las mismas que cuando estás en estado de hipnosis. Por eso es muy importante que elijas bien lo que te interesa ver y escuchar, para adoptar una actitud de poca permeabilidad ante lo que la pantalla o la radio tienen para ofrecerte, sobre todo cuando se trata de cosas que te hacen sentir mal.

Una muy buena opción si buscas distraerte con la televisión, es mirar programas, series o películas de comedia, de humor, que provoquen tu risa. Es increíble y parece mágica, la velocidad con la que se eleva tu vibración cuando comienzas a reír.

Esta en tus manos la decisión de elegir el foco de la realidad en la que deliberadamente te quieres centrar, sabes que tu vibración depende de ello.

SAL A LA NATURALEZA

Conectar con la naturaleza es conectar contigo. Estamos hechos de los mismo elementos y vamos creciendo y renovándonos constantemente.

La naturaleza relaja tu mente, abre tu corazón, alivia tu cuerpo y despierta tus sentidos. Sentir, oler y estar contemplando la naturaleza te transforma, te despierta, te sana, abre tu creatividad y mejora tu calidad de vida.

Para ello no es necesario que te mudes a una montaña, a una reserva natural, etc. Seguro donde vives tienes naturaleza cerca, como para descalzarte y caminar en contacto con la hierba, la tierra, la arena e incluso la nieve. Abraza un árbol, siéntate a su lado o apóyate en su tronco, cierra los ojos, respira hondo y siente.

Reserva un sector en tu casa para construir tu jardín de plantas, flores. Incluso puedes tener tu huerta y disfrutar del proceso de crecimiento de las mismas, sentir sus aromas y consumir tus propios frutos.

Si estas cerca del mar acércate para disfrutar de los efectos relajantes que trae escuchar sus oleajes. La brisa que toca tu rostro, el sol calentando suavemente tu piel.

La asociación de psicología de EEUU, mediante estudios realizados, afirma que estar en contacto con la naturaleza tiene ciertos beneficios para la salud:

- Mejora el ánimo y la autoestima: el estudio realizado a 1252 personas comprobó que basta ejercitar cinco minutos en contacto con la naturaleza sin importar el estado de salud de cada uno para obtener esos resultados.

- Fomenta la concentración: los expertos dividieron a 38 estudiantes voluntarios en 2 grupos, a los integrantes de un grupo los hicieron caminar por la ciudad, y al otro grupo por un entorno natural. Los resultados comprobaron que los estudiantes que recorrieron la ciudad tuvieron menor rendimiento en la concentración.

- Reduce la irritabilidad: analizaron la relación entre la ausencia de un entorno natural, la irritabilidad y la agresividad. Se concluyó que las personas que tenían mayor contacto con la naturaleza tenían mayor rendimiento en temas relacionados con la disciplina.

- Baja los niveles de depresión y ansiedad: bajo la misma línea de estudio, se comprobó que el 94% de las personas que contactaron con la naturaleza, beneficiaron su salud mental y redujeron la depresión.

No creo que sigas teniendo dudas sobre los beneficios de estar en contacto con la naturaleza. En ella se manifiesta el equilibrio y al entrar en su entorno equilibramos nuestras vibraciones, incluso las elevamos.

ESCUCHA MÚSICA, CANTA, BAILA

Escucha tus canciones favoritas y evita aquellas que contienen letras tristes, de desamor, de traición, etc. Escuchar música contribuye a que estés más alegre y disipes los problemas.

Se ha comprobado, por ejemplo, que la música de Mozart lleva a la persona a un estado de bienestar en el cerebro.

Cuando la música es armoniosa nos hace sentir relajados, contentos, nos conecta con nuestro ser interno.

Cuando la música nos incita a cantar, a bailar, nuestro cuerpo está listo para elevar su vibración y comenzar a sentirnos mucho mejor, más positivos, más vitales, nos cargamos de amor y de pasión.

Comienza a ser consciente de lo que oyes y elige aquellas canciones que te eleven, que involucren tu voz para cantar, que hagan mover tu cuerpo. Verás como todo lo malo desaparece en ese momento.

Es una opción rápida para comenzar a sentirte mejor cuando estas abrumado, cansado, sin entusiasmo.

RODÉATE DE PERSONAS POSITIVAS Y RIE

Las personas con las que te relaciones influyen mucho sobre tu estado anímico. Algún que otro entorno lo puedes manejar, el que tienes la posibilidad de elegir, como tus amistades. Pero hay otros que no es posible, como el familiar o el laboral.

En aquellos que puedes manejar vas a notar que si comienzas a realizar cambios positivos, te empoderas, crees en ti, y vibras alto, el entorno también se modifica. Algunas personas que no vibran igual que tú se alejaran y no intentes detenerlas, es tu evolución. Llegarán nuevas relaciones con personas que estén en tu misma frecuencia.

Con aquellos entornos que no puedes cambiar y afectan tu energía busca estar en contacto lo menos posible o recúbrete de un blindaje antes sus opiniones o palabras de queja constante. Incluso puedes responderle haciéndoles ver el lado positivo que tiene toda situación.

Sé que estas buscando elevarte, por eso estás aquí leyendo este libro, así que comienza a rodearte de personas que busquen lo mismo que tú. Que se superen cada día, que tengan sueños y propósitos que perseguir; y te aseguro que todo ello te potenciará.

Reír es muy importante, tener sentido del humor, mientras trabajas en superarte, te abre las puertas mucho más rápido al camino de aquello que anhelas. Reír eleva considerablemente tu energía, y te conecta con los demás desde un lugar más agradable.

Sigue y escucha a los que ya han logrado lo que tú deseas y cuando estés en camino e incluso cuando lo hayas logrado vas a tener tus propios seguidores que quieran conocer de que manera conseguiste estar donde estás.

¿CÓMO ESTÁ TU HOGAR?

¿Sabías que el orden o desorden en el exterior manifiesta tu estado interior?

Teniendo en cuenta esto, ya sabes que si tu habitación o tu casa, en general, se encuentra desordenada, sucia, llena de objetos que no utilizas, tú estás igual. En tu interior estás desordenado, hay cosas por limpiar, desde creencias, hasta sanar heridas, resentimientos, etc.

Mira ahora mismo a tu alrededor y hazte consciente de cuál es tu verdadero estado.

"Las altas frecuencias producen orden, construyen, armonizan y crean.

Las bajas frecuencias producen desorden, destruyen, desorganizan y dividen."

Organiza lo desordenado, regala, dona o tira lo que no usas y está demás, así como lo que está demás en tu interior debe desecharse para incorporar pensamientos y creencias nuevas más acordes a tu nuevo estado de empoderamiento.

¿Recuerdas que todo es energía? Entonces los objetos que nos rodean también lo son, y tienes que cuidar que no afecten tu entorno físico. Cuando entras a un lugar sientes comodidad o incomodidad, eso es la vibración que desprende ese espacio. Por eso es aconsejable que no te rodees de muchos objetos ya que tienen una vibración baja, deja espacio libre para que todo fluya. Libera el espacio que te rodea, mantenlo limpio y ordenado.

Nada que no vibre contigo debe permanecer en el espacio en el que mueves. Tu habitación es muy importante. Como ya vimos, cuando descansas te conectas con tu poder superior. El espacio debe brindarte armonía y paz.

Un lugar con buenas energías, con armonía y buenas vibraciones hace sentir bien a las personas en su interior, las plantas crecen saludables y los animales también.

Por el contrario, un lugar con malas energías, es un ambiente negativo que destruye la armonía entre los seres que lo habitan, estanca las mismas, y afecta la salud de plantas, animales y las personas que conviven en ese ambiente.

Todo esto debes llevarlo a cualquier ambiente en el que estás involucrado.

Por ejemplo: un negocio donde el desorden se manifiesta a todo nivel, los productos acumulados por todos lados, llenos de polvillo, sin un orden o exhibición específico, que a la hora de la venta se hace difícil encontrarlos, sin dudas también trae desordenes en las cuentas financieras. Te darás cuenta que un lugar así tiene como resultado poca entrada de clientes y por lo tanto pocas ventas.

Lo mismo ocurre en un hogar. Si observas esas casas donde conviven muchas personas y todo está desordenado, de tal manera que no se encuentran los objetos cuando los buscan; es lógico que existan discusiones constantes, se viva y perciba mucha tensión.

El orden, sin dudas, es importante en cualquier proyecto que decidas emprender, es necesario para triunfar en cualquier tarea que te propongas.

En este caso empieza por tu hogar y por tu interior. A ordenar y limpiar ideas, pensamientos, creencias, emociones que ya no te sirven para progresar.

LA GRATITUD

Todas las herramientas que te he nombrado y de seguro tu puedes encontrar muchas más, que al observarte, descubras que tu energía se eleva; la que más ha tenido efecto en mi es la gratitud.

Estoy convencida que cuando uno agradece por todo, por las experiencias buenas y extraordinarias que llegan a tu vida, por las bendiciones y hasta milagros, porque pensaste que era imposible que sucediera alguna situación en especial; pero así también por aquellas piedras en el camino, esos muros que aparecen frente a ti, los obstáculos que rechazas, odias y te generan quejas; la vida te regala más y más de lo que eres capaz de imaginar.

¿Y porque digo que estoy convencida? Porque he visto mi mundo entero dar un giro completo y empezar a encaminarse hacia el logro de mis sueños y anhelos.

Puedes pensar que sólo te involucra a ti cuando comienzas a cambiar, a ser mejor día a día, con trabajo, esfuerzo y disciplina. Pero te asombras cuando tu entorno también comienza a verse diferente. Es ahí cuando crees que está sucediendo la magia. Y en realidad la magia no existe, lo que existe es tu manera de percibir todo lo que te rodea, incluso la manera en que te percibes a ti mismo.

Cuando comienzas a desterrar creencias, malos hábitos, pensamientos negativos y agradeces todo lo que vives como experiencia de aprendizaje, tu percepción también cambia y ves a los otros con ojos nuevos, con una mirada totalmente diferente a la que venias arrastrando. Y paralelamente ellos te ven distinto a ti.

Si comienzas a aceptar todos los cambios, todas las experiencias, todas las personas que llegan, que permanecen o se van de tu vida y situaciones que vives con ellas, sin juzgar, desde la armonía de tu ser, sabiendo que era lo que tenía que suceder porque siempre lleva consigo implícito un aprendizaje para ti; entonces verás la verdad y agradecerás cada instante vivido en el pasado y cada instante que vives en el presente.

No tomes el agradecer desde el lugar que nos han enseñado de chicos para ser socialmente aceptado. Porque eso ya se ha hecho automático en ti. Debes agradecer desde tu corazón, sintiéndolo, realmente experimentando esa sensación de plenitud, armonía, conexión. La palabra gracias expresada simplemente por decirla y que suene linda para ti y los demás no tiene el sentido que estamos buscando aquí, el de elevar tu vibración y conectarte con tu ser más elevado.

Cuando dedicas un tiempo diario a agradecer, experimentas lo bueno que hay en tu vida y se genera en ti una mentalidad de abundancia.

Para hacértelo más gráfico, pasarás de ver el vaso medio vacío a verlo bastante lleno.

Hacerlo te proporcionará la energía necesaria para atraer más cosas y situaciones positivas a tu vida.

Recuerda que donde va la atención, allí donde te enfocas, es lo que atraes. Si estas en queja constante ya sabes lo que llegará a tu vida, nada bueno puede pasarte, por vibración.

Así que enfócate en agradecer desde lo más pequeño, que tienes y disfrutas, hasta lo más importante. Incluso atrévete a agradecer aquello que anhelas y que todavía no tienes en tu vida. Porque de esta manera ya le estas entregando energía para que el Universo entienda que realmente lo quieres, lo sientes, y pueda responderte. El Universo siempre está atento a tus pedidos, por eso es esencial controlar tus pensamientos, emociones y acciones.

Agradecer te proporciona:

- Una experiencia más plena y realizada, gracias a que adquieres una mentalidad positiva para disfrutar de las cosas.

- Aumenta tu autoestima al experimentar el sentimiento de ser merecedor de todo lo bueno que tiene la vida.

- Mejora la relación contigo mismo y con los demás,

ya que estás expresando que aprecias todo lo que recibes.

- Adquieres conciencia de que tu vida ya está llena de cosas buenas y eso reduce el estrés y la ansiedad.

Una buena forma de agradecer es haciendo una lista cada día de todo aquello que sientas que lo necesita. Es importante que lo escribas, además de decirlo, por que adquiere más poder al involucrar más acciones para tu cerebro. Te recomiendo que lo hagas por la mañana, así estarás provocando un comienzo del día mucho más agradable, positivo y fructífero.

Otro punto importante es abrirte a recibir y agradecer lo que la vida te regala. Si recibes es porque seguro tu ya diste de ti antes, sin condicionamientos, incluso sin ser consciente de ello. Aquello que los demás hacen por ti es motivo de agradecimiento y por eso es que debes estar abierto a recibirlo. Si te cierras, estarías también cerrando las puertas a lo que tú tienes para brindar. Deja que todo fluya y agradece.

Agradece tres cosas antes de irte a dormir. Al despedirte de tu día con agradecimientos sobre lo bueno que te ha pasado estarás logrando fundirte en un hermoso sueño. También, al repasar las cosas buenas del día, te hará sentir cada vez más afortunado y eso es lo que terminará pasando.

Recuerda, como ya viste en los decretos, otorgarle la fuerza necesaria y al final de las listas o de decir todo aquello que agradeces, hazlo por tres. Poténcialo.

Di:

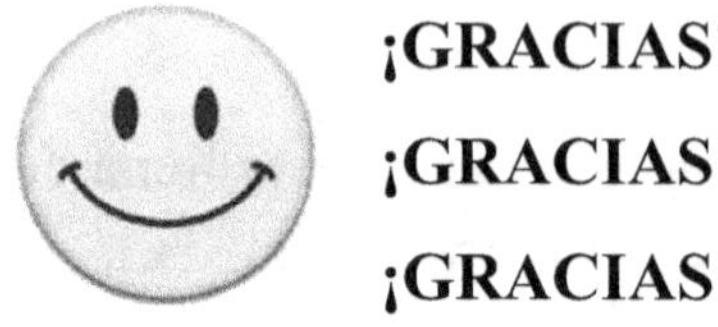

¡GRACIAS!

¡GRACIAS!

¡GRACIAS!

CONCLUSIÓN DE LA PARTE PRÁCTICA

Muchas personas rechazan las cuestiones prácticas, les da pereza, agotamiento, o simplemente no las hacen porque creen que no funcionan. Pero tú no eres uno de ellos. Buscas el cambio, el rumbo adecuado para ir tras tus sueños y cambiar en todos los ámbitos de tu vida, salud, dinero y amor, o en alguno de ellos que más conflictos has sufrido o sufres actualmente.

Cuando hablo de salud no sólo me refiero a enfermedades, sino también a los niveles de energía y vitalidad para llevar a cabo todas las actividades planificadas durante tu día a día y lograr tu objetivo.

Cuando hablo de dinero me refiero a todo lo que implique tu relación con él. Desde la profesión, el trabajo, la empresa, y de qué forma llega y se va, como administras el mismo. Si te cuesta generarlo y se va rápido o no sabes cómo duplicarlo, etc. Pero, en definitiva, sigues trabado en el mismo lugar hace años.

Y por último, cuando hablo de amor, me refiero primero a tu amor propio, ¿cómo te sientes contigo mismo, te mimas, te sientes merecedor, te amas? Y luego, como son tus relaciones con los demás, tu pareja, tu familia, tus amigos, tus compañeros de trabajo, etc.

Si observas tu vida hasta el momento sabes muy bien cuáles son los ámbitos que necesitan más trabajo de tu parte. No lo niegues, no lo rechaces y comienza a trabajar en ello. Cuando logras cambios en uno de ellos se van equilibrando los otros. El Universo es equilibrio y por tal motivo siempre está en busca de ello. Incluso si te fijas bien cuando te sientas mal o perdido es cuando no hay un equilibrio o coherencia en tu vida.

Comienza hoy mismo a trabajar en ti. Te prometo que si no te auto-engañas y lo haces, vas a ver y vivenciar los resultados. Te preguntaran como lo lograste y podrás compartir y ayudar a otros.

Puedo asegurarte que cuando yo conocí las maneras en que puedo manejar mi energía y mi entorno, y entendí que funcionan, comencé a llevarlas a la acción. Cada una de ellas es importantísima. Con algunas me siento más identificada y logro resultados más rápidos para elevar mi energía que otras.

Tú debes encontrar cuál o cuáles son las que te favorecen y conectan más contigo.

No las dejes acá archivadas, solo en modo lectura, aplícalas con constancia, vuélvelas un hábito y te aseguro que te sorprenderás.

¡ARMA TU PROPIO COMBO
Y LLÉVALO A LA ACCIÓN!

LA RECTA FINAL HACIA TUS SUEÑOS

¡Siiiii! ya estás en la recta final, por desembarcar en la tierra de tus sueños. Lo sientes en tu interior. Esa intuición, que vibra dentro de ti, que hace latir y bombear más fuerte y más rápido a tu corazón. Todo tu cuerpo se estremece, te sientes lleno de energía, es más, desbordas de energía. y si lo piensas bien no tiene una razón fisiológica , porque estás dentro del barco hace ya tanto tiempo, pasando penurias, hambre, dolores externos e internos; y te quedas pasmado cuando te descubres así, lleno de expectativas, de alegría, de felicidad, en plenitud porque sabes con toda el alma lo que te espera.

Aquello que tanto deseas está llegando a ti y tú te acercas a él. Ya no existe ni un ápice de duda. Tu fe es inquebrantable y sólo queda ser paciente, soltar la desesperación que nunca te sirvió, confiar y comenzar a sentir el aroma a tierra, a verde que tanto esperan ver tus ojos y todos tus sentidos.

Tienes el viento a favor desde que descubriste el secreto dentro de esa bendita botella. Y piensas, que todo lo sucedido es una bendición, todo lo vivido antes sucedió para darle mayor sentido al ahora.

Bendito ese día que el reflejo del sol en el vidrio de la botella llamo tu atención. Bendito tu llamado interior que te empujo a moverte e ir hasta ella. Bendito ese mensaje enrollado que atrajo tu atención y atracción inexplicable, como ya deduciendo que en ese preciso instante tu vida iba a dar un vuelco.

Ahora todo es diferente, tiene otro sentido, el que tú le das. Los colores son más intensos y brillan más, los aromas se hacen más especiales y generan sensaciones inolvidables. Te miras las manos que están más firmes y con mayor fuerza para dirigir tú vela hacia donde quieras.

Ya nada es al azar, ya no te quejas porque descubres que no hay motivo alguno para ello. Lo que vives es lo que debes aprender y decidiste hacerlo así, sacándole el jugo, exprimiendo lo mejor de cada experiencia.

Tiraste por la borda cada pensamiento negativo, cada crítica y culpa. No hay nadie ahí afuera para recibirla. Solo tú recibes el eco de aquello que manifiestas.

Decidiste por primera vez en tu vida, no herirte más, no mentirte, ni engañarte. Ser dueño y señor de todo lo que te acontece. Hoy sabes que lo que das vuelve. Tomaste la decisión de comenzar a dar lo mejor de ti y cada día eso fue creciendo.

Y aunque ahora te encuentras en este viaje de soledad te sientes pleno y feliz para luego compartir con el mundo entero lo que ya sabes, y nada ni nadie te puede usurpar.

Sigues, sigues y sigues con todo el entusiasmo metido en tus venas. ¡Estas a muy poquito de alcanzar tu sueño!

Ya estás aquí, en el instante presente, el único que realmente importa para tener una vida acorde a tus sueños.

En mi experiencia personal, antes de comenzar este camino de mucho trabajo interno, vivía en el pasado. Mirando todo lo sucedido, reprochándome cada error, cada fracaso, cada actitud con la que ya no me identificaba. Me di cuenta que perdí tanto, pero tanto tiempo en intentar arreglar, corregir y solucionar cuestiones que eran imposibles por el paso del tiempo. Que vivir mirando hacia atrás de esa manera solo me hacía retroceder y volver a repetir en el momento presente situaciones similares, en otros ámbitos, con otras personas, pero siempre provocando y sintiendo exactamente lo mismo.

Se convertía en algo tan repetitivo que en vez de aprender de ello, abrir mis ojos y todos mis sentidos a ver cuál era la lección que la vida me estaba poniendo enfrente, malgastaba mi tiempo en quejarme y repetir la frase: "¿Por qué a mí?"

Recuerdo que siempre tenía a flor de piel esa queja constante de no entender porque, si yo me comportaba adecuadamente, siendo una buena persona, y por lo tanto, esperando una buena retribución de parte de la vida, Universo, Dios, o como decidas llamarlo; nunca me respondía como deseaba.

Me enojaba tanto en esos momentos que a veces se me cruzaba por la mente dejar de ser tan adecuada, tan buena, tan adaptada a la sociedad.

Buscaba una explicación a todo esto y en un principio; la verdad que no la encontraba. Nadie sabía explicarme todo esto que hoy he aprendido y sigo aprendiendo día a día. Pero como el que busca encuentra, llegó a mis manos, hoy sé sin dudarlo que fue por vibración, el libro que logró producir una bisagra en mi, un antes y un después en mi vida, en mi consciencia, en mi interior.

No puse freno y seguí buscando, en mi soledad, porque verdaderamente no encontré en aquel entonces, a mis 18 años, ni una sola persona que me acompañara en esto y con quien pudiese compartir para enriquecerme y a la vez enriquecer al otro.

Creo que por ese motivo fue un proceso muy lento. Con altibajos. Creyendo y no creyendo. Sintiéndome rara y fuera de foco. Incluso bastante perdida.

¿Y sabes que fue lo que me sucedió? Seguí experimentando situaciones de disgusto cada vez mayores. Mis problemas se reproducían tanto en las relaciones como en el tema dinero, a medida que mis años pasaban.

Hasta que se produjo otro quiebre. A veces cuesta mucho aprender cuando no encuentras un buen maestro o mentor que te pueda contar y explicar como lo hizo él, para que uno pueda aplicarlo en su vida y crecer exponencialmente.

No me rendí y busque cursos, talleres que siguieran enriqueciendo mi interior, ir conociéndome más y más. Saber cómo funciono y cómo funciona el Universo para acoplarme y controlar mi vida.

En este proceso también descubrí que no son relevantes

los títulos y diplomas que consigas para encuadrar y mostrarle a los demás. Lo realmente relevante es tu experiencia y lo que haces con ella. No importa que pasado tuviste, que situaciones sufriste, en que te sientes fracasado, porque eso te aseguro que solo son presiones de tus creencias sociales, de lo que te enseñaron que era lo adecuado.

Como ya sabes hay creencias ya establecidas por el lugar en que naces. No todas las sociedades y culturas son iguales. Por darte un ejemplo, el tema de la muerte en algunas culturas produce llanto y despedida del ser humano con mucho dolor y el duelo suele ser un proceso muy extendido en el tiempo. Incluso hay normas sociales a seguir sobre tu comportamiento sobre ello. Mientras que en otras culturas la muerte del ser humano, es sólo física, el alma nunca muere, solo se traslada y sigue su camino. En estas culturas la muerte implica un festejo. Y por lo tanto el proceso de duelo es totalmente diferente.

Así como recibes en tu inconsciente colectivo todos estos programas de creencias, paradigmas establecidos muchos años antes que comenzaras esta vida, también recibes los programas de tu entorno, de tus ancestros, de todo tu árbol genealógico, y de tus padres y personas cercanas durante tu crecimiento.

De esta forma vas por la vida cumpliendo con las expectativas de los demás y te olvidas de ti. Yo estuve ahí, incluso hay momentos en que me descubro otra vez en la puerta de alguna creencia o por repetir el mismo patrón ya obsoleto que se claramente hacia donde me lleva. Tú sin dudas estás también ahí, pero ya tienes las herramientas para comenzar a cambiar todo lo que no te sirve para permitirte avanzar.

EMPIEZA POR PONERTE METAS

Plasma en papel lo que quieres lograr. Cómprate un cuaderno o arma una carpeta exclusiva para ti. Te aseguro que se convertirá en algo muy valioso, porque con el paso del tiempo vas a releer y descubrir todo lo que no te diste cuenta que ya conseguiste.

Se vuelve con un tren que comienza su marcha en forma lenta, va adquiriendo velocidad y en un punto ya se vuelve difícil de frenar.

Vas a escribir aquello que deseas describiéndolo con el mayor detalle posible. Esa meta debe ser medible, o sea que en algún momento te das cuenta que ya la conseguiste y pasas a la siguiente. Recuerda que al Universo le gusta que hables en presente. Que lo sientas y lo vivas como si ya lo tienes.

Asegúrate de convertir esto en un hábito. De esta forma entrarás en un torbellino de metas logradas cada vez a mayor velocidad. Porque irás adquiriendo confianza en ti mismo y fe en que el Universo te escucha y responde. No lo tienes en el momento pero sabes que es tuyo y se está generando para ti.

Comienza con metas pequeñas hasta que sientas que vas adquiriendo la habilidad y la confianza. Es fundamental que no le des permiso a tu mente y pensamientos para sabotearte. Porque lo va hacer de mil formas. Debes estar firme en ello y hacer oído sordo a lo que te diga. Si aparecen los miedos, las piedras en el camino, incluso muros que te parecen difíciles de romper y traspasar, que sin dudas aparecerán, porque comenzaste a actuar diferente; no les permitas que te hagan retroceder y volver al punto de inicio. Allí donde no toleras estar ni un segundo más. Debes traspasar y superar todo lo que intente detenerte.

TU LEGADO

Cuando dudes, cuando no te creas capaz, cuando eso suceda, recurre al pensamiento de imaginarte que sucedería en tu vida, pasado los años, si te quedas dónde estás.

Pon en juego tu imaginación y trasládate al momento de tu despedida de este mundo. ¿Cómo quieres irte, que legado quieres dejarle a tus seres queridos? Si tienes hijos o planificas tenerlo, ¿Qué esperas que ellos vean y aprendan de ti? ¿Cómo quieres que te despidan?, felices porque tu estas en ese estado de felicidad y plenitud, porque conseguiste lo que deseabas en la vida, progresaste constantemente. O prefieres que te vean desbastado, infeliz y estar rodeado de personas que te aman pero ven tu arrepentimiento de no haber perseguido tus sueños.

TU PROPÓSITO

Vienes a este plano terrenal a trascender aquello que te limita, lo que resistes, aquello donde más conflictos tienes. Allí se encuentra el verdadero propósito de tu vida.

Echa una mirada a tu vida entera hasta el momento y pregúntate que es lo que te ha marcado, que es lo que más te ha provocado dolor y no te permite avanzar. Entonces lo evitas y miras para otro lado. Pero dentro de ti sabes que permanece ahí. Que es mentira que al no prestarle atención y no mirarlo va a desaparecer. Por el contrario, al no hacerlo consciente sigue creciendo y saldrá con mucha más fuerza en algún momento a golpearte de nuevo hasta que lo veas.

Todos venimos con un propósito que la da sentido a tu existencia y a la existencia de los demás. Todos estamos unidos y cuando tu conectas con tu propósito de vida estás en el lugar adecuado, el que te corresponde sin usurparle el lugar a otro, conformando así el gran rompecabezas, donde cada uno de nosotros viene a ser una pieza única y diferente que se ubica en el gran rompecabezas para que otros también puedan ubicarse en su lugar correspondiente.

Cuando estás en tu propósito y vives de ello, todo se acomoda, se equilibra, porque estás dando desde el alma, desde tu ser, estas siendo tu auténtico YO. Lo haces con pasión, no te sientes agotado, se te pasan las horas en total disfrute. Y aunque tengas que esforzarte por cuestiones que involucran tu propósito, valen la alegría hacerlas, porque la recompensa va incrementando los resultados y cada vez se hace más grande y más importante para ti y para los demás.

Siempre que estés en tu propósito estarás contribuyendo con los demás, porque estamos todos conectados y verás suceder cosas mágicas con otras personas que no te las esperabas. Estarás progresando de una manera inesperada, formando una cadena de sucesos en los que notarás que allí radica la verdadera felicidad.

DAR Y RECIBIR

La vida realmente se simplifica de la siguiente manera: recibes lo que primeramente has dado.

El universo opera mediante un intercambio dinámico. Nada es estático (como viste en el momento que hablamos de energía) y todo absolutamente todo es energía en movimiento.

Ese intercambio dinámico que existe entre tu mente o energía y el universo debe mantenerse siempre en movimiento, debe fluir.

Para clarificártelo es como la sangre en tu cuerpo. Si la misma se estanca se producen coágulos que no permiten que la sangre siga fluyendo. O como el agua de un río que debe fluir, moverse, porque si no lo hace, si se estanca, su fuerza vital se destruye.

Teniendo esta idea clara, nada debe estancarse. Lo que das vuelve a ti y debes estar abierto a recibirlo para no cortar el flujo de intercambio. Toda relación es dar y recibir.

Dar y recibir es lo mismo, son aspectos diferentes de la misma energía del flujo del universo. Si se detiene el flujo de alguno de los dos, estarás obstruyendo la naturaleza de la energía Universal. El dar engendra el recibir y recibir engendra el dar. Lo que sube debe bajar, lo que sale debe volver. Esa relación se da en todos los ámbitos y áreas de nuestra vida. Te relacionas con otras personas, con el dinero y con tu cuerpo.

En el tema dinero debes hacerlo fluir para luego recibir. No lo dejes estancado porque ahí es cuando se genera la falta de fluidez del mismo. Muchas personas entran en carencia por pensar que si se les va de las manos lo pierden.

Lo mismo sucede con las relaciones, si quieres amor, atención, respeto, debes primero dar tú aquello que deseas recibir en tu vida.

En la salud seguimos con la misma línea, debes darle a tu cuerpo comida saludable, actividad física y todo aquello que lo haga sentir bien, para que recibas a tu cuerpo sano, vital y lleno de energía.

Ahora cual es la base, lo más importante de DAR. La intención con la que lo realizas.

La intención debe ser crear felicidad para el que da como para el que recibe. Cuanto más das, más recibirás, porque estarás manteniendo la abundancia del universo circulando en la vida.

Todo lo que das se multiplica, pero solo si es dado de corazón, con alegría, con amor incondicional sin esperar nada a cambio.

El error es dar algo y sentir pérdida por ello. De esa manera no generará abundancia. Cuando das a regañadientes no hay energía en el acto de dar.

Practicar esta ley es muy sencillo:

- Si quieres alegría en tu vida, da alegría a otros

- Si quieres y deseas amor, aprende a dar amor

- Si necesitas atención y aprecio aprende a dar atención y aprecio

- Si lo que quieres es riqueza material ayuda a otros a conseguir esa riqueza

Un error en el que caen algunas personas, es estar acostumbrado a dar desde el corazón, con alegría, pero cerrados a recibir. De esta manera también estarías cortando el flujo de energía, el flujo de abundancia. Así como tú deseas dar, el otro también lo desea y nunca debes rechazarlo. No creo que a ti te guste que te rechacen aquello que quieras entregar.

Haz de este ejercicio un hábito en tu vida:

La manera de activar el flujo de abundancia en tu vida es que cada vez que entres en contacto con una persona le darás algo. Y no me refiero únicamente a algo material. Puede ser una frase, una oración, una palabra, una flor, etc. Tienen más potencia aún. Un obsequio como: interesarte, prestar atención, entregar afecto y amor son lo más preciados que puedes dar y no cuestan nada. Enviarle en silencio a alguien un deseo para su abundancia y prosperidad desde nuestro corazón también tiene una fuerza increíble.

SE VALIENTE

¡Sí! Necesitas mucha valentía para tomar la decisión de transformar tu vida. De mirarte frente a frente y sacar a la luz todo aquello que te mantiene blindado por fuera, y atrapado por dentro. Debes admitir la verdad de tu ser. Debes comprometerte y jugar todas las fichas en este proceso, que no es para nada fácil, pero si es maravilloso cuando comienzas a ver resultados.

El miedo enfréntalo y de esa forma lo estarás erradicando. Eres más grande que tus miedos, eso dalo por seguro. El objeto o situación a la que le tienes miedo no existe realmente, tu le das esa entidad, tu lo creas, así como creas toda tu realidad. Cuando aprendas a manejarlo, se volverá cada vez más sencillo y te convertirás en ese héroe que le fascina la misión de enfrentarlos y disolverlos.

Si te fijas bien ya has enfrentado el miedo y lo has disuelto muchas veces. Ahora ya de adulto no le tienes miedo a la oscuridad de la habitación, al cuco o monstruo debajo de tu cama, a la bruja que te iba atrapar si te portabas mal…y miles de historias que te contaron y otras que te inventaste y las creíste tan reales que te provocaban un miedo terrible. Hasta tu cuerpo lo sentía, se aceleraba tu corazón, se dilataban tus pupilas, la respiración se agitaba, tus manos traspiraban. Hoy sabes que nada de eso existía pero tú si lo creías, incluso lo veías. Era la realidad que creabas en tu mente, involucrando pensamientos, emociones y respuestas fisiológicas ante esas situaciones de miedo.

**Ahora no tienes más excusas para ser valiente.
Ya sabes la verdad. Tú dominas,
tú decides que creer y que no.**

**Y yo sé que si estás leyendo es porque
sin duda alguna, ¡eres muy valiente!**

SIEMPRE HAY UN NUEVO COMIENZO

Todo es cíclico. Todos los días tienen un comienzo y un final. Las etapas de tu vida, tienen un comienzo y un final.

Ahora mismo es el momento, el presente es el regalo más maravilloso de la vida, porque puedes elegir el comienzo de algo nuevo y por lo tanto el final de algo negativo o destructivo. Ya no importan las creencias del pasado si con ellas terminas siempre en el mismo lugar de desánimo.

En tu mente solo puedes pensar tú. Por lo tanto tu día comienza de la manera que tú decides. Le pones final a todos los pensamientos negativos sobre ti mismo, sobre la vida, sobre los demás y colocas todo el valor positivo sobre ellos comenzando una nueva etapa, una nueva forma de ver y experimentar la vida. Cada momento puedes seguir modificando aquello que ya nada te aporta. Antes tal vez te nutrió, pero ahora ya no.

Entonces sigue adelante, evoluciona y comienza a realizar los cambios necesarios acompañando tu progreso y dejando atrás todo lo que te estanca y te paraliza.

¡ACCIONA YA!

Ya has dejado para más adelante miles de cosas en tu vida. Lo sé porque todos hacemos eso cuando no estamos viviendo en nuestra verdadera esencia, cuando realmente no somos quienes vinimos a ser, sino aquellos que los demás quieren que seamos. Pero ahora estas parado en otro punto, que no tiene cuestionamientos. Si alguien de tu entorno te nota cambiado y no le agrada la persona que comienzas a mostrar, entonces no lo retengas a tu lado, porque no te ama realmente, sino que ama al que mostrabas, a la máscara que inventaste y te pusiste para cumplir con sus expectativas, para ser amado, porque eso es lo que nos enseñaron.

Donde no seas tú, vete. Rodéate de las personas que te valoran y aportan a tu crecimiento. Aquellas que te impulsan y hablan de los logros, de los merecimientos, de lo grandiosa que es la vida. Eso es amarte. Y cuando lo haces, no es vanidad, no es egoísmo, es el mejor regalo que te haces a ti mismo y a los demás.

Cuando menos te des cuenta esa llama que se encendió en tu interior, comenzará a contagiar a otros que se acerquen encendiendo su propia llama. Con la llama de una vela puedes encender miles y miles de velas más y alumbrar la oscuridad más inmensa. De la misma forma puedes hacerlo con otras personas, de eso se trata la contribución. Cuando das y manifiestas en amor, sin dudas, es retribuido multiplicado.

No esperes más. Comienza tu transformación ya mismo. Nadie lo hará por ti. Sé el ejemplo, el cambio que deseas ver mañana. Sólo depende de ti. Toma las riendas de tu vida y dirígete a tus sueños. Luego muéstrale a los demás como lo hiciste y ayúdalos a conseguirlo, eso te traerá más y más bendiciones a tu vida.

¡SE TU PROPIO HÉROE!

¿Quieres saber porque te repito tantas veces que eres tu propio Héroe?

Creo que ya lo sabes, eres demasiado inteligente como para no darte cuenta. Pero no busco con ella provocarte una ofensa al explicarte, sino generar esa inyección de adrenalina que necesitas para impulsarte.

Que te lo diga yo, que la mayor parte de mi vida me creí poca cosa, porque lo que quería como profesión no se pudo cumplir, y perdida pase por varias carreras estudiantiles. Porque el sueño dorado de la familia perfecta tampoco funcionó porque en realidad fue un escape a la vida que tenía en ese momento y el resultado fue peor de lo que esperaba. Y sin embargo, hoy te puedo decir y asegurar que: "YO SOY MI PROPIO HÉROE".

Todas las experiencias vividas y superadas me transformaron en héroe. Y tú también las tienes. Cada uno de nosotros las tenemos en diferentes ámbitos, con diferentes intensidades, en distintas etapas de la vida, pero si estamos acá es porque ya las superamos. Te salvaste a ti mismo.

En estos momentos sólo te queda hacerte consciente de ello, admitirlo e inflar tu pecho, seguro de que ya nada que suceda puede contigo. Ya fuiste muy fuerte, adquiriste habilidades y ahora tienes la guía para seguir alimentando a ese héroe en el que te convertiste, y dejaste guardado en el placar. Es momento de sacarlo a la luz, es momento de hacerlo brillar!!!

Estás totalmente atento a cada sonido, a cada olor que percibes en el aire. Tus ojos buscan la tierra que tanto anhelas para comenzar a vivir tu verdadera historia. Sabes que es comenzar de nuevo, es un renacimiento con la fortuna de las experiencias vividas, que te hacen más rico de lo que jamás pudiste imaginar.

Todo es distinto ahora, estás ansioso por llegar y comenzar el peregrinaje por tu nueva vida. Contagiando tu entusiasmo y tu verdad a cada alma que cruces por tu camino.

Queda en ti guardado lo aprendido, crece en ti las ganas de difundirlo a cada lugar al que puedas llegar. Haciendo felices y creando sonrisas en los rostros de las personas que te rodean y llegan a tu vida.

¡Eres libre! Como nunca antes quieres apoyar tus pies sobre la tierra y comenzar un viaje de disfrute total. De vida en la sangre, que ebulliciona, moviéndote a ser quien eres, el que habías dejado archivado, el que conoce como ganar cada juego que la vida te propone. Porque cuando pierdes también estás ganando sabiduría.

De pronto, sientes un cosquilleo en el pecho, esa sensación que muchas veces te dio la intuición. Te trasladas a la proa del barco y observas con expectativa lo que ya sabes en tu interior que está a punto de suceder.

Te pones la mano en la frente para detener la luz del sol en tus ojos y ver mejor. Y ahí está, süüü, ahí está tu pedido hecho realidad.

Divisas tierra y gritas de alegría. La felicidad recorre cada átomo de tu cuerpo. Hueles la tierra, la vegetación, oyes las aves que revolotean cerca y todo se vuelve mágico, es más potente e inmenso de lo que te imaginabas.

Hasta el viento parece entenderte y sopla más fuerte que nunca. Te vas acercando y no puedes más de felicidad. Gritas con todas tus fuerzas al Universo:

¡Gracias, gracias, gracias!

Llegó el momento de hacerle honor y comenzar tu nuevo camino, no será fácil, pero será bien recompensado. Como acaba de sucederte. Se viene lo mejor. El rumbo lo sigues eligiendo tú, aunque ya sabes que eres guiado y debes estar atento y dispuesto a ello.

Te acercas, ya quedan pocos metros y visualizas un objeto que llama tu atención. Y dices para tus adentros: ¡Ahí vamos otra vez Universo!

¿Qué mensaje tendrás para mí ahora?

El universo, como decidí llamarlo yo, tú debes nombrarlo de la forma que más vibre contigo, con lo que te sientas cómodo, está ahí para ti. Hace que las cosas pasen para ti. Esta ocupándose de ti. Ya sabes que, de ahora en más, vas a estar en contacto con él constantemente. Siempre está presente, escuchándote y respondiendo a tus pedidos, pero no desde una oración, sino de la coherencia que trasmites entre tus pensamientos, emociones y acciones. No lo confundas con incoherencia y comienza a actuar desde el interior, desde el corazón, desde el alma, que es quien tiene la conexión con el Universo, con la fuente de poder que te lo da todo.

> *"Vigila tus pensamientos, porque se convierten en palabras.*
>
> *Vigila tus palabras, porque se convierten en actos.*
>
> *Vigila tus actos, porque se convierten en hábitos.*
>
> *Vigila tus hábitos, porque se convierten en carácter.*
>
> *Vigila tu carácter, porque se convierte en tu destino."*
>
> **Gandhi**

Deseo haberte ayudado con este libro. Salió del alma. Es increíble como cuando haces algo realmente desde ese lugar todo fluye. No analizas con perfeccionismo de escritor.

Todo lo que comparto es para ayudarte a ti y a otras personas a encontrar el camino.

Aquí te brindé una introducción hacia tu propio poder de trascendencia. Es mi guía, según mis aprendizajes y experiencias al logro de tu felicidad, de tu progreso, de premiarte por ser el héroe que ya eres y que sigas alimentando.

Por ese motivo, tengo más para ti. Para que puedas

lograr tus sueños es necesario mucho más que estos cuatro pasos. Y mi misión es guiarte por el camino adecuado para conseguirlo.

Si deseas seguir este proceso de transformación vete ya a mi segundo libro....

"DESCUBRE TU VERDADERO TESORO"

TE DESEO UNA VIDA EXTRAORDINARIA
Y ESPERO ME SIGAS Y CAMINES JUNTO A MÍ
EN ESTE PROCESO DE APRENDIZAJE
TAN ALUCINANTE.

¡NOS VEMOS EN EL SIGUIENTE LIBRO!

¡INFINITAMENTE GRACIAS!

¿ME DAS TU MANO COLABORANDO PARA DESPERTAR A MÁS PERSONAS?

Sinceramente me vendría muy bien tu ayuda. Si cada de uno de nosotros aporta un poquito de sí, podremos crear un mundo de personas más felices, conociendo que es posible, y el cómo para lograr hacer sus sueños realidad.

¿Cómo puedes ayudarme y ayudar a otros?

Hazte una foto con el libro que más te agradó o con los tres, y envíamelo (en la solapa encuentras mis redes sociales y mi página web) para poder subirlo y compartirlo con el fin de contagiar a otros que están necesitando que alguien les tienda la mano. Es necesario expandir la energía positiva y el empoderamiento. Que todos conozcan al Heróe que llevan dentro y lo pongan en acción.

También me agradaría mucho recibir tus comentarios u opiniones sobre los libros. Saber que te han provocado.

Sabes que mi mayor propósito está en conseguir que tu vida sea más bella y que disfrutes el camino hacia la concreción de tus sueños.

Inmensamente agradecida por este recorrido en tu compañía.

¡Abrazo enorme lleno de amor!

Vero

DECICATORIA ESPECIAL
A MI QUERIDO MENTOR

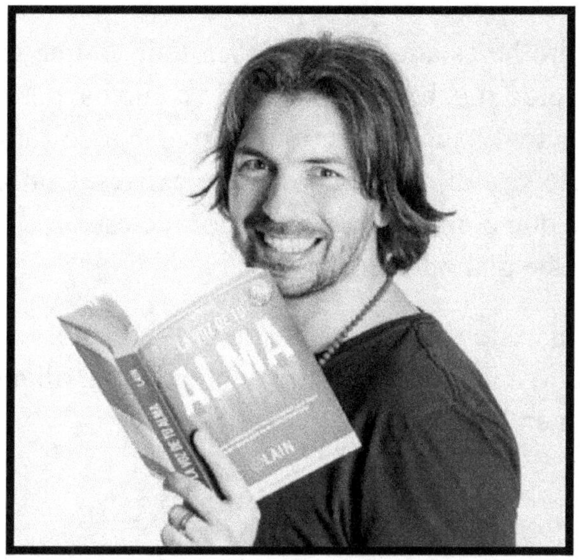

LAÍN GARCÍA CALVO, es un ser lleno de luz que ha llegado a este plano terrenal para despertarnos, hacernos consciente de nuestra capacidad infinita para crear todo aquello que anhelamos desde el Alma.

Particularmente me siento totalmente agradecida por encontrarlo en mi camino.

Lo vi y lo escuche por primera vez en un video de You Tube. No necesité escucharlo por mucho tiempo más y comencé a buscar su libro, **"LA VOZ DE TU ALMA"**, que todavía no había ingresado en mi ciudad. Lo conseguí por una página de internet y lo compré. No hubo dudas, apenas tuve ese libro en mis manos sabía que mi vida iba a cambiar completamente.

¡Y así fue! Comencé a seguirlo en las redes sociales y fui adquiriendo su saga. Mi vida se fue transformando paso a paso, pero a una velocidad increíble.

Siempre he estado interesada en todo lo que es metafísica. He leído mucho, he concurrido a cursos, pero esta vez era diferente. Él supo llegar a mi Alma, la tocó suavemente, la despertó y le dijo: dile a Vero que existes. Conéctate con ella. Dile que comience a brillar, porque eso es a lo que vinimos a este plano terrenal.

Y aquí, estoy aprendiendo de él, siguiendo sus pasos, escuchando a mi Alma y siendo auténtica. ¡Brillando como la estrella en la oscuridad de la noche!

¡GRACIAS, GRACIAS, GRACIAS INFINITAMENTE!

SÍGUEME EN MIS REDES SOCIALES

veronicabartolommei

Verónica Bartolommei

Veronica Bartolommei

www.veronicabartolommei.com

Este libro se terminó de imprimir
en el mes de enero de 2020
en los talleres gráficos de Imprenta Lux S.A.
Hipólito Yrigoyen 2463 - Santa Fe - Argentina.
www.imprentalux.com.ar

www.ingramcontent.com/pod-product-compliance
Lightning Source LLC
Chambersburg PA
CBHW050326160726
48002CB00001B/206